Mike Hellwig

Befreie dein inneres Kind

W0083837

HERDER spektrum

Band 6131

Das Buch

Die meisten Menschen suchen ein Leben lang nach der Liebe und Anerkennung ihrer Eltern. Dabei können nur wir selbst uns so lieben und anerkennen wie wir es uns wünschen, nur wir selbst können uns unsere tiefsten Sehnsüchte erfüllen. Hinter Schwierigkeiten mit Gefühlen steckt häufig ein verlassenes inneres Kind. Wir vermeiden, ihm zu begegnen. Wir wollen seinen Schmerz nicht fühlen. Wenn wir unser inneres Kind finden und abholen, hört unsere Suche auf. Mike Hellwig leitet in diesem Buch auf behutsame Weise und unter Verwendung der Methode der Erlaubnis-Imagination dazu an, uns von den Lasten unserer Herkunft zu befreien. Dies verändert nicht nur unsere Beziehung zu unseren Eltern, sondern auch unsere Liebesbeziehungen. Es verändert unser Verhältnis zur Welt. Das Drama unseres inneren Kindes ist nichts, was es zu überwinden gilt. Es will erlaubt sein.

Der Autor

Mike Hellwig lebt in Hamburg. Seit vielen Jahren arbeitet er als Heilpraktiker, NLP-Lehrtrainer, Hypno- und systemischer Familientherapeut. Er bietet zudem Seminare an, u. a. zum Thema „Radikale Erlaubnis und das innere Kind". www.mike-hellwig.de

Mike Hellwig

Befreie dein inneres Kind

Wie Sie sich selbst geben,
was Ihnen Ihre Eltern nicht gaben

HERDER

FREIBURG · BASEL · WIEN

© 2007 Lüchow Verlag in der J. Kamphausen Verlag
und Distribution GmbH, Bielefeld
ISBN 978-3-363-03116-4
© Verlag Herder GmbH, Freiburg im Breisgau 2011
Alle Rechte vorbehalten
www.herder.de

Umschlagkonzeption und -gestaltung:
R·M·E Eschlbeck / Hanel / Gober
Umschlagmotiv: © Corbis
Autorenfoto: © privat

Herstellung: fgb · freiburger graphische betriebe
www.fgb.de

Gedruckt auf umweltfreundlichem, chlorfrei gebleichtem Papier
Printed in Germany

ISBN 978-3-451-06131-8

Für Robin

Inhalt

Die Mutter • Das Heutige Ich • Kurzanleitung:
Die innere Familie sichtbar machen • Zulassen,
was ist • Das tiefste Trauma und das verlassene
innere Kind • Durch die Wahrheit der Gefühle gehen

Teil 2
*Der Weg mit dem inneren Kind
– Angewandte Erlaubnis-Imagination*

Einleitung

»Papa, was ist eigentlich der Sinn des Lebens?«

Der fragende kleine Junge ist etwa sieben oder acht Jahre alt. Seinem Vater bleibt der Bissen im Hals stecken. Mit der Gabel fuchtelt er verlegen in der Luft herum, aber eine Antwort findet er nicht. Der kleine Junge stellt seiner ganzen Familie die Frage nach dem Sinn des Lebens, keiner weiß eine Antwort. Man schüttelt den Kopf, man belächelt das schwierige Kind, und man sagt: Jetzt ist aber Schluss mit dem Quatsch!

Zwischen diesem kleinen Jungen, der ich einmal war, und mir, der ich heute bin, liegen etwa dreiunddreißig Jahre. In einem Großteil dieser Zeit war die Einsamkeit des kleinen Jungen mein Feind.

Ich fühlte mich bedroht durch die Leere, in der dieser Junge aufwuchs, und ich kämpfte gegen das Gefühl an, alleine zu sein. Ich entwickelte grandiose Lebensentwürfe, ließ mich auf unglückliche Beziehungen ein und machte zahlreiche Therapien – nur, um dieses grundlegende Daseinsgefühl der Einsamkeit zu besiegen. Der Krieg gegen die Einsamkeit ist anstrengend und sinnlos. Es ist ein innerer Kampf, der nicht zu gewinnen ist.

Es gab auch Momente, in denen ich mich ganz fühlte. Augenblicke, in denen ich mich dem kleinen Jungen in mir und seinen tiefsten Gefühlen öffnete. In denen es blitzartig aufleuchtete, wie wundervoll dieser kleine Kerl ist. Wie wundervoll ich in Wahrheit bin, wenn ich mit diesem Kind in meinem Inneren liebevoll verbunden bin. Wie leicht das Leben sein kann, wie schön und voll, wenn alles in mir erlaubt ist, zu sein. Aber diese Verbindung zu meinen wirklichen Gefühlen entzog sich mir immer genau so schnell, wie sie gekommen war.

Lange Zeit glaubte ich, man müsse die Kindheit jahrelang durcharbeiten, man müsse seine Familiengeschichte aufdecken, dann werde man irgendwann eine wunderbare Schwelle überschreiten und fortan in ewiger Harmonie weiterexistieren. Oder man müsse täglich meditieren und seine Gedanken kontrollieren, bis man für die Anstrengung und Disziplin mit einer Erleuchtung belohnt würde. Ich habe das alles versucht, aber diese Erleuchtung habe ich nicht erlangt.

Was mir heute den Frieden schenkt, nach dem ich so gesucht habe, was mir ermöglicht, bewusst diese tiefe Verbindung zu mir selbst herzustellen und zu halten, ist eine Methode, die ich die Erlaubnis-Imagination nenne und in diesem Buch vorstelle. Sie beschreibt einen Weg, zu erlauben, was bisher verboten war. Und sie bedient sich dabei der Vorstellung (Imagination), dass jede Bestrebung, jedes Wollen und jedes Gefühl ein Teil von uns seien, ein kleines Kind in unserem Innern, dem wir uns mit unserer ganzen Aufmerksamkeit und Liebe zuwenden können. Und wenn dieses innere Kind uns sein Ringen und seine tiefste Absicht spüren lässt, dann erfahren wir uns in einer Weite, in der sich unsere Konflikte auflösen. Wir sind mehr geworden, reicher, voller. Wir erlauben etwas von uns, was verboten war. Wir schließen Frieden mit etwas in uns, das wir ablehnten.

Ich möchte ein kleines Beispiel für die Methode geben, die Sie, wenn Sie möchten, in diesem Buch erlernen und selbst praktizieren können:

Der kleine Junge sitzt ja noch immer an dem Tisch und wartet auf die Antwort, die ihm sein Vater nicht geben konnte. Dieser Junge ist ein Teil von mir, und für ihn ist es, als ob die Zeit an diesem Punkt stehen geblieben wäre. Als könne er sich nicht weiterentwickeln, bis er erhört worden ist, bis er so sein und fühlen darf, wie er ist. Er sucht nach dem Gegenüber, das ihn anerkennt, so, wie er ist – er sucht nach dem Gegenüber, das ihm seine Eltern nicht sein konnten.

Während ich mich daran erinnere, nehme ich mir die Zeit, meinen Körper reagieren zu lassen und das Gefühl zu dieser Situation zu spüren. Ich nehme ein flaues Gefühl in meinem Bauch wahr. Ah, das ist das Gefühl, das der Kleine *dort* hat. Ich kann spüren, wie *er* dieses Gefühl hat. In meiner Vorstellung setze ich mich jetzt zu ihm an den Tisch – ich, der Erwachsene, mit all den Fähigkeiten und Fertigkeiten, die ich in den dreiunddreißig Jahren dazwischen erworben habe.

Ich selbst werde ihm zu dem Gegenüber, das er immer gesucht hat, ich werde ihm jetzt zu den Eltern, nach denen er sich immer gesehnt hat. Und ich wende mich ihm ganz zu. Seine Augen werden groß, plötzlich ist jemand für ihn da, wirklich da. Ich spüre die Not, die hinter seiner Frage nach dem Sinn des Lebens steht. Ich spüre, wie allein er sich fühlt. Ich lasse ihn wissen, dass es in Ordnung ist, dass er sich einsam fühlt, dass es okay ist und sein darf, dass er Angst hat. Ja, du darfst sein, es ist jetzt alles erlaubt. »Schätzchen, ich bin jetzt da!«, sage ich ihm. »Was immer dich bewegt und wie es dir geht, ich bin jetzt bei dir, ich bleibe bei dir, und ich nehme dich an die Hand. Du kannst mir jetzt alles sagen.«

In dem Kleinen steigen starke Gefühle auf, ich kann sie spüren, aber *ich bin mit ihm und seinen Gefühlen, nicht davon überwältigt.* Erst wenn ich ihm ein gleichermaßen starkes wie offenes Gegenüber bin, bekommt er die Sicherheit, die er braucht, um sich zu zeigen.

Er ist so traurig und verzweifelt. Ich danke ihm, dass er mich wissen lässt, wie traurig und wie verzweifelt er ist. Es tut ihm gut, dass das anerkannt wird, das merke ich. Endlich darf tatsächlich sein, was er fühlt. Gleichzeitig geht es auch mir besser. Meine Augen sind feucht, ich bin betroffen von seinem Leid, und ich fühle mich erleichtert, erlöst. Ah, das ist es, denke ich. Es ist diese tiefe Traurigkeit, die wollte ich die ganze Zeit nicht spüren, dagegen habe ich so lange angekämpft, anstatt sie anzuerkennen. Jetzt fühle ich mich ganz – ganz in meinem Körper und irgendwie weit, locker.

Ich bedanke mich bei dem Kleinen für das, was er mir gezeigt hat und mich hat spüren lassen. Ich sage ihm, dass ich die Verbindung halte und wiederkomme.

Je öfter ich komme, das weiß ich, desto mehr wird er mir vertrauen, desto tiefer wird unsere Verbindung werden.

Wie ein Kind, das ich adoptiere und das nach und nach Vertrauen schöpft. Vielleicht wird es das nächste Mal älter sein, vielleicht jünger. Es wird mir etwas anderes von sich zeigen, und ich werde mich von der Tiefe seiner Gefühle treffen lassen und merken, wie die Liebe in mir fließt. Das ist ein wundervoller Prozess, er heilt dieses kleine Kind in mir, er heilt mich, und er macht mich ganz.

Und die Antwort auf die Frage nach dem Sinn des Lebens? Nun, sie ist praktisch gegeben. Denn soweit ich es herausgefunden habe und erfahre, besteht sie darin, eine liebevolle Beziehung zu sich selbst einzugehen. Alles andere ergibt sich daraus. Alles andere steht oder fällt damit.

Im Folgenden möchte ich Ihnen einen Weg zeigen, wie Sie mit sich selbst diese liebevolle Beziehung eingehen können. Ich möchte Ihnen ermöglichen, das Kind in sich zu finden und sich ihm als der, der Sie heute sind, zuzuwenden. Sie brauchen sich nicht zu verändern, sich nicht in Ihren Gefühlen aufzulösen, und Sie sollen es auch gar nicht. Sie können, so, wie sie jetzt gerade sind, sich einfach diesem kleinen Kind in Ihrem Innern zuwenden und Ihr Herz öffnen, ganz so, als begegneten Sie draußen einem fremden kleinen Kind, das Hilfe braucht. Um mehr geht es nicht.

Jede Veränderung geschieht dann von selbst. Veränderung, so scheint mir, geschieht immer nur von selbst. Sie geschieht, indem wir uns berühren lassen. Sie geschieht nicht durch Anstrengung oder Druck. Ganz im Gegenteil: Es ist die Anstrengung, es ist der Zwang, etwas verändern zu müssen, der eine wirkliche Veränderung behindert und den Konflikt erhält.

Möge dieses Buch Ihnen dienen, sich dort zu erlauben, wo Sie bisher verboten waren. Möge es Ihnen dienen, liebevoll mit sich selbst zu sein.

Teil 1

Die liebevolle Beziehung mit dem inneren Kind – Grundlagen der Erlaubnis-Imagination

Kapitel 1

Die Suche des inneren Kindes nach Liebe

Die meisten Menschen suchen ihr Leben lang nach der Liebe ihrer Eltern.

Wir suchen nach der liebevollen Mutter und dem liebevollen Vater, nach den Eltern, die wir als Kind gebraucht hätten.

In der Regel wissen wir nicht, dass ein kleines Kind in unserem Innern steckt, ein Kind, das noch nach der Liebe sucht, die es erlöst hätte. Wir erkennen das Kind in uns nicht, aber wir erfahren eine uns unbewusste Kraft, die uns antreibt, Anerkennung zu finden. Wir suchen nach dieser Anerkennung in allem, was wir tun, wir suchen nach ihr in jeder Beziehung, die wir eingehen. Und unbewusst glauben wir auch, wir könnten unsere Eltern so verändern, dass doch noch alles gut wird. Diese Suche unseres inneren Kindes nach Liebe ist eine treibende Kraft in allen unseren Bemühungen.

Äußere Erfolge können uns nicht den inneren Frieden schenken, den wir ersehnen. Die Freude währt nur kurz, dann greift die Unruhe nach uns, die Angst, wir könnten wieder alles verlieren. Denn wir sind abhängig vom Erfolg. Der Erfolg soll dieses innere Loch füllen, aber er tut es, wenn überhaupt, nur kurzfristig. Unsere Suche kann aber ans Ziel kommen, wenn wir sie als die Sehnsucht unseres inneren Kindes erkennen und diesem Kind in uns genau das geben, was damals gefehlt hat.

Ablehnung der Eltern

Die meisten von uns können ihre Eltern nur schwer ertragen. Als wir Kinder waren, haben uns unsere Eltern in der Regel nicht erlaubt, zu sein und auszudrücken, wie wir sind. Sie haben es uns sogar strengstens verboten. Damit haben sie uns – wenngleich zumeist in guter Absicht – unsere tiefste Verletzung zugefügt.

Wenn wir unseren Eltern heute begegnen, wird dieser tiefe Schmerz ausgelöst. Wir spüren ihre Erwartungen, Regeln und Ängste. Immer noch ist uns verboten, zu sein, wer wir sind. Stattdessen spüren wir die Vorstellung unserer Eltern, wie wir zu sein haben – und das setzt uns unter Druck. Wenn wir uns so verhalten, wie sie es von uns fordern, fühlen wir uns schlecht; rebellieren wir allerdings dagegen, auch. Dann geht es unseren Eltern schlecht, und an uns, den scheinbaren Verursachern ihres Leidens, hängt die Schuld wie eine Zentnerlast. Eine Weile melden wir uns nicht, und dann beginnt das Ganze erneut.

Unsere Eltern konfrontieren uns nicht nur mit unserem Schmerz, sondern auch mit unserer Ohnmacht. Wir scheinen nichts dagegen tun zu können, es ist egal, was wir machen. So können schon wenige Sekunden, die wir mit unseren Eltern verbringen, vielleicht nur ein halber Satz am Telefon, ausreichen, uns gereizt oder richtig wütend zu machen. Denn wir spüren unsere Unfreiheit und lehnen uns dagegen auf. Leider hilft das nichts. Es zeigt uns, dass wir mit dem Schicksal unserer Eltern verstrickt sind – wir sind immer noch die Kinder, die sich vergeblich nach der Liebe ihrer Eltern sehnen.

Schmerz des Verlassenseins

Der Versuch, die verlorene Kindheit nachzuholen und jetzt noch bei Vater und Mutter oder stellvertretend bei unserem Beziehungspartner oder dem Chef zu finden, was früher gefehlt hat, ist ein Unterfangen, das uns unser Lebensglück kosten kann. Keine Partnerschaft, keine Beziehung, kein Beruf können diese Sehnsucht stillen, denn im Grunde unseres Herzens beschäftigt uns nichts anderes als der Schmerz des Verlassenseins. Während wir vielleicht glauben, wir verwirklichten uns, sind wir nur geschickter darin geworden, den Schmerz unserer Einsamkeit zu vermeiden.

Wir sind Getriebene: Immer begleiten uns unsere verinnerlichten Eltern, und wir spüren das unendliche Bedürfnis, ihre Liebe und Anerkennung zu finden.

Um uns vor unserem Schmerz und der Ohnmacht zu schützen, lehnen wir unsere Eltern ab. Wir verachten, was sie tun und wie sie leben. Manche kaschieren das geschickt, indem sie sagen, ihre Eltern täten ihnen leid. Aber ob wir es offen sagen oder verdeckt halten, wir wollen nur eines: Nie so werden wie sie! Nie so leben wie sie!

Damit binden wir uns nicht nur an unsere Eltern, wir schaffen sogar die Voraussetzungen dafür, *ihr* Leben zu leben statt unser eigenes.

Dass wir das Leben unserer Eltern führen, dass wir so werden wie unsere Eltern, gerade, weil wir ihr Leben ablehnen und Widerstand gegen sie aufbauen, mag zunächst widersinnig erscheinen. Entscheidend ist, dass wir auf unsere Eltern schauen statt auf unser eigenes Leben. Unser Dasein, unser Leben, ist bezogen auf das Leben unserer Eltern, das ist der springende Punkt. Ob wir sie verachten oder idealisieren, solange wir zu ihnen schauen, bleiben wir gleichermaßen an sie gefesselt.

Die Ablehnung, die Wut auf unsere Eltern, unsere Reizbarkeit, unsere Schuldgefühle – das alles schützt uns. Es schützt uns vor unserem tiefsten Schmerz. Und wir wollen unter allen Umständen vermeiden, diesen Schmerz zu spüren. Doch sind unsere Eltern die Personen, die diesen Schmerz am gezieltesten auszulösen vermögen.

Aber unsere Eltern konnten nicht anders

Aber haben unsere Eltern nicht alles getan, was sie konnten? Sicher, sie haben Fehler gemacht, aber sie hatten es auch schwer. Sie wollten doch nur das Beste für uns, das muss man doch berücksichtigen!

Sicher muss man das. Sicher muss man berücksichtigen, dass die Verhältnisse für unsere Eltern damals, als sie uns großzogen, schwerer waren, als sie es heute für uns sind. Vielleicht haben unsere Eltern sogar Unglaubliches geleistet, vielleicht von morgens bis abends gearbeitet, um uns durchzubringen oder uns eine einigermaßen günstige Startposition ins Leben zu ermöglichen. Das alles mag so sein, doch das ist das Schicksal unserer Eltern – es ist ihr Drama, nicht unseres. Wir haben unser eigenes Schicksal, unser eigenes Drama.

In der Arbeit mit unserem inneren Kind ist es von entscheidender Bedeutung, diese Schicksale klar voneinander zu trennen. Wir nehmen uns hier einen Raum, wo wir unsere Eltern – und was sie konnten oder nicht konnten – einmal zurückstellen. Wir wollen, wenn wir uns diesen Raum nehmen, weder unsere Eltern anklagen noch schuldig sprechen, noch wollen wir sie rechtfertigen oder idealisieren.

Doch solange wir das Schicksal unserer Eltern mit unserem eigenen vermischen, solange das Drama unserer Eltern wichtiger ist als unser eigenes, können wir nicht zu den Gefühlen finden, die wir wirklich erlebt haben – die Gefühle, die wir hatten, als wir Kind waren, und die immer noch wesentlich bestimmen, was wir heute fühlen.

Stellen wir uns Eltern vor, die den ganzen Tag arbeiten. Sie tun es aus Liebe. Sie wollen das Beste für ihr Kind. Sie wollen, dass das Kind in einem Haus aufwachsen kann, sie wollen Geld zurücklegen, damit das Kind später studieren kann. Sie mühen sich für ihr Kind ab, alles in der besten Absicht. Und wenn das kleine Kind sagt: »Ich möchte so gerne mit Papa spielen!«, dann bekommt es zu hören: »Papa hat keine Zeit, das weißt du doch. Er muss arbeiten, damit es uns gutgeht.« Und später sagt unser erwachsen gewordenes Kind: »Mein Vater hat alles für mich getan. Sicher, ich habe ihn kaum gesehen, und ich hätte mir gewünscht, mehr Zeit mit ihm zu verbringen, aber es ging damals einfach nicht anders.«

Hier wäre das Drama des Vaters die Hauptsache. Das Drama des Vaters wiegt nicht nur schwerer als das des Kindes, es verbietet dem Kind, einen Zugang zum eigenen Drama zu finden.

Wir wollen im Folgenden diese Dramen trennen. Wir wollen uns einen Raum erlauben, in dem die wahren Gefühle unseres inneren Kindes sein dürfen. In unserem Beispiel etwa die Sehnsucht nach dem Papa; der Wunsch, seine Nähe zu spüren; der Schmerz, dass es nicht sein kann; die Einsamkeit, mit diesen Gefühlen allein zu sein und nicht darüber sprechen zu können; der Zwang, das verdecken zu müssen. Wenn wir diese intensiven, echten Gefühle ableugnen und verbieten, fühlen wir uns nicht mehr in Ordnung und können nicht mehr spüren, wer wir eigentlich sind. Immer fehlt uns etwas, immer haben wir etwas in uns, das keine Berechtigung hat zu sein.

So ist eine der Hauptursachen für die Probleme mit unseren Eltern, dass das Drama unseres inneren Kindes, dass unsere tiefsten Gefühle keine Anerkennung finden und nicht sein dürfen.

Anders gesagt: Wenn wir unseren Eltern begegnen, müssen wir um der Harmonie willen unser inneres Kind verleugnen. Das macht uns zunächst wütend, doch ist diese Wut nur die Oberfläche unserer Empfindungen – daher ändert sich nichts, wenn wir der Wut nachgeben. Aber die Wut schützt uns davor, das zu fühlen, was darunterliegt.

Unter der Wut liegt die Einsamkeit. Es ist die Einsamkeit des kleinen Kindes in uns, die in der Gegenwart unserer Eltern anklingt – und gegen die wir uns mit aller Macht wehren.

Eine Einsamkeit, die uns auch ergreift, wenn uns ein Partner verlässt, an den wir gebunden sind. Diese Einsamkeit, die dann ans Licht kommt, schmerzt so sehr, dass wir glauben, wir müssten sterben. Das geschieht, weil wir wieder zu dem kleinen Kind werden, das wir einmal waren – und zum Teil immer noch sind. Ein kleines Kind, das völlig allein gelassen wird und das – mit Recht – fürchtet, sein Leben sei bedroht.

Anpassung des Kindes

Wenn wir uns mit diesem kleinen verlassenen Kind verbinden, führt es uns in eine Zeit zurück, in der wir etwa drei, vier Jahre alt sind.

Davor sind wir noch ganz. Wenn wir wütend sind, schmeißen wir uns auf den Boden, schreien und lassen niemanden an uns heran. Sind wir traurig, weinen wir, egal, wo wir gerade sind. Wenn wir uns freuen, bringen wir Töne hervor, die so hoch und durchdringend sind, dass die anderen sich die Ohren zuhalten müssen. Lachen wir, so tun wir das mit dem ganzen Körper. Und wenn uns jemand stört oder wehtut, zeigen wir ihm das gleich. Wir überlegen nicht, wir drücken uns in »Echtzeit« aus. Wir kontrollieren unseren Ausdruck nicht, wir leben unzensiert.

Wir müssen jedoch diese Phase, in der Erleben und Ausdruck eins sind, verlassen. Wir müssen lernen, unser Verhalten an die Erfordernisse unserer Umwelt anzupassen. Das sollen uns unsere Eltern beibringen, es kann auf eine liebevolle oder lieblose Weise geschehen.

Liebevolle Eltern

Liebevolle Eltern sind offen für die schwierigen Prozesse, die im Kind ablaufen. Liebevolle Eltern bejahen die Gefühle, die in ihren Kindern auftauchen, und begleiten sie dabei. Liebevolle Eltern sind Forscher, die gemeinsam mit ihrem Kind seine Innenwelt erkunden. Sie lehnen die heftigen Gefühle des Kindes nicht ab, sondern kanalisieren sie: »Schätzchen, du bist wütend, okay, hier ist ein Kissen. Lasse deine Wut so richtig raus! Was möchtest du jetzt am liebsten mit diesem Kissen tun? ... Okay, dem Kissen hast du es aber richtig gegeben. Was war es eigentlich, was dich so wütend gemacht hat?«

Das geliebte Kind

Das geliebte Kind lernt, dass die Gefühle, die es erlebt, sein dürfen. Es lernt, dass es so sein darf, wie es ist, und dass es in Ordnung ist, zu empfinden, was es empfindet. Es lernt, dass Wut, Traurigkeit und Unbehagen *in seinem Körper* gespürt und ausgedrückt werden dürfen – dadurch bleibt es in Verbindung mit seinem Körper. Später wird dieses heranwachsende Kind seinen Körper nicht suchen müssen, weil es ihn schon hat. Es wird ein starkes Selbstvertrauen entwickeln und seinen Gefühlen folgen, wird spielen und kreativ sein. Es wird sich auf eine ganz natürliche Weise abgrenzen, indem es ausdrückt, wenn es wütend ist oder verletzt wird. Und es wird sich mit seinen Gefühlen anderen zumuten. Es wird sich hingeben.

Bedingt liebende Eltern

Bedingt liebende Eltern sind mit sich selbst besetzt. Bedingt liebende Eltern stehen unter Druck und haben Angst, dass sie es nicht schaffen. Bedingt liebende Eltern glauben, dass sie selbst nicht gut genug sind. Sie fühlen sich ohnmächtig und hilflos, aber gestehen sich das nicht ein. Sie sind immer bestrebt, vorzugeben, alles stimme bei ihnen. Sie sind nicht offen für die Gefühle des Kindes, weil sie die Verbindung zu ihrem eigenen Körper verloren haben. Stattdessen wollen sie einer Vorstellung gerecht werden, wie Eltern zu sein haben. Wichtiger als die Gefühle des Kindes ist ihnen also, dass sie es als Eltern richtig machen. Wenn ihr Kind intensive Gefühle erlebt, lehnen diese Eltern das Kind konsequent ab. Sie signalisieren ihm, dass etwas mit ihm nicht stimmt. Dass es nicht in Ordnung ist, so zu empfinden und das auch noch auszudrücken. Wenn das Kind wütend ist, drohen sie ihm mit Strafen, schimpfen es aus – oder sie schlagen zu.

Andere Eltern wiederum schreien niemals. Niemals weinen sie, niemals sind sie ganz da, die Fassade stimmt immer. Scheinbar sind sie auch in dem, *was* sie sagen, dem Kind zugewandt. Aber in dem, *wie* sie es sagen, mit ihrem Körper, ihrer Mimik und mit ihrer Stimme, drücken sie Ablehnung aus.

Das verlassene Kind

Da ein Kind ganz und gar auf seine Eltern bezogen ist und sie nicht kritisch betrachten kann, glaubt es, dass es selbst nicht in Ordnung sei. Es denkt also, etwas stimme mit ihm nicht.

Es macht etwas falsch, und zwar immer dann, wenn es zeigt, dass es wütend, traurig oder unzufrieden ist.

Es macht es richtig, wenn es diese Gefühle nicht zeigt, und noch richtiger wäre es, diese Gefühle gar nicht zu haben. Dann wäre das Kind in Ordnung. Dann wäre es genau so, wie die Eltern es sich wünschen.

So muss das bedingt geliebte Kind seine Ganzheit, seine Echtheit opfern, um die Liebe der Eltern zu bekommen. Das tut es auch, es zensiert fortan seine Gefühle. Es lernt, dass es sich anstrengen muss, um Liebe zu erfahren. Aber je mehr es sich anstrengt, desto stärker wird es den Schmerz der eigenen Abgetrenntheit spüren – den Schmerz der Einsamkeit.

Dieses Kind verliert seinen Körper. Es bremst und blockiert den authentischen Lebensstrom und lebt ein Leben im Kopf statt im Körper. Es wird sich beständig fragen, wer es ist. Und es wird sich fragen, worin der Sinn einer solchen Existenz liegt. Vielleicht steckt es seine ganze Energie in die Suche nach sich selbst. Vielleicht flüchtet es in die Sucht, wird krank oder bringt sich um.

In einer anderen Terminologie lässt sich dieser Vorgang folgendermaßen beschreiben: Das Kind spaltet sich in Teile auf, in einen lieblosen kritischen Erwachsenen und in ein ungeliebtes verlassenes Kind. Es verinnerlicht die elterlichen Verbote und identifiziert sich damit. Die unerlaubten Gefühle wie Hass, Wut, Zorn, Traurigkeit – überhaupt die Intensität von Gefühlen – drängt es in einen bewusstseinsfernen Teil ab. Dadurch sind diese Gefühle jedoch nicht verschwunden, im Gegenteil, sie sind ständig da, und sie müssen ständig bekämpft werden. Diesen nicht erlaubten, niedergedrückten Teil der Persönlichkeit kann man als das verlassene innere Kind bezeichnen.

Die meisten Menschen finden sich in der zuletzt beschriebenen Kategorie wieder: Sie haben ihre bedingt liebenden Eltern verinnerlicht und hören ständig eine innere Stimme, die sie angreift, die Stimme des inneren Kritikers: »Das schaffst du nie, ich wusste, du bist einfach nicht gut genug. Lass es! Du kannst dich nicht zusammenreißen! Was bist du nur für eine Flasche!«

Wie reagieren wir auf diesen ständigen destruktiven Kommentar? Wir fühlen uns schlecht, wir werden unsicher, und wir haben Angst. Das wird unser Grundgefühl, im Hintergrund ist es immer da. Es ist das Daseinsgefühl unseres verlassenen inneren Kindes.

Wenn wir hart zu uns selbst sind, heißt das, dass wir unserem lieblosen Erwachsenen in seinem Kampf gegen die geleugneten Gefühle des verlassenen inneren Kindes folgen. Je mehr wir uns darin anstrengen, desto stärker werden die uneingestandenen Gefühle des verlassenen inneren Kindes. Sie ergreifen von uns Besitz und bestimmen unser Leben. Und wir erfahren, wie unsere wichtigsten Vorhaben von uns selbst sabotiert werden: Wir werden krank, wir zerstören unsere Partnerschaft oder bekommen vielleicht ein Suchtproblem.

Zensierter Sex

In einer Beziehung, in der wir naturgemäß dieses riesige innere Loch zu stopfen versuchen, begegnen wir unserem grundlegenden Misstrauen auf Schritt und Tritt. Wir pendeln zwischen bodenloser Verlassenheitsangst und Gleichgültigkeit hin und her, wir sind eifersüchtig oder eiskalt.

Vielleicht glauben wir, dass unsere Beziehung ganz gut sei, nur mit dem Sex klappe es seit einiger Zeit nicht mehr so richtig. Es scheint uns, als wäre es besser, gleich ganz darauf zu verzichten. Manche tun das auch: Sie leben wie Brüderchen und Schwesterchen miteinander und führen eine Beziehung, in der ein sexueller Impuls einem Inzest gleichkommt.

Da ist etwas dran. Denn in der intimen sexuellen Begegnung kommunizieren wir gar nicht mit unserem Partner, sondern mit unseren inneren Eltern. Wir begegnen, anders gesagt, den verinnerlichten Verboten und Ängsten. Unser Partner ist dabei nur ein Vehikel, ein Stellvertreter. Wenn wir unseren inneren Dialog beim Sex nicht verdrängen, sondern wahrnehmen, dann kann er zum Beispiel folgendermaßen lauten: »Was braucht sie jetzt? Ist sie schon so weit? Was muss ich tun, damit sie endlich kommt?« Oder: »Mag er meine Brüste? Gebe ich ihm alles, was er braucht?«

Was wäre aber das Schlimmste, das passieren könnte? Nun, das passiert ja meistens, es kommt zu gar keiner Begegnung mit dem Partner: Er ist bei sich, sie ist bei sich, beide sind in ihrem Ich und hoffen, dass es nicht angegriffen wird. Es muss bestätigt werden, dafür legen sich beide so richtig ins Zeug und strengen sich an, als ob es um ihr Überleben ginge.

Beim Sex steht der Selbstwert auf dem Spiel, deshalb werden hier auch die stärksten Schutzmechanismen aktiv. Was soll, was muss ich tun, um der beste Mann zu sein, den sie je hatte? Das ist zensierter Sex, Sex aus dem Kopf. Ein intimes, freies Einlassen auf den anderen ist so nicht möglich. Im Gegenteil, das innere Loch wird in jeder sexuellen Begegnung immer größer, immer stärker gespürt. Nach einer Weile sind die sexuellen Begegnungen für uns so frustrierend, dass wir beginnen, ihnen auszuweichen. Oder wir lechzen nach neuen abgefahrenen Spielchen. Immer mehr, immer extremer. Doch schon der alte Meister Eckhart erkannte: »Sie gehen wie einer, der den Weg verfehlt: Je weiter er geht, je mehr irrt er.«

Wenn wir den anderen nicht zu unserer Bestätigung (miss)-brauchten, wären wir frei, uns ganz unserem inneren Erleben hinzugeben. Der Zweifel, ob wir genug wert sind, die Frage, ob wir gut genug sind, hätte gar keine Bedeutung. Tatsächlich beweist diese Frage nur, wie abgespalten wir von uns selbst sind. Sie zeigt uns das Ausmaß unserer inneren Verleugnung an.

In Wahrheit sind wir, wie wir sind. In Wahrheit erleben wir, was wir erleben, da gibt es gar kein Richtig oder Falsch, es ist so, Punkt! Es gibt eine Wahrheit in uns selbst, an der weder zu rütteln noch zu manipulieren ist, und wenn wir uns mit ihr verbinden, brauchen wir uns nicht mehr zu suchen.

Diese grundsätzliche Anstrengung, dieser kaum bewusste, aber ewig vorhandene Stress, uns selbst finden zu müssen, hört auf. Wir brauchen kein Buch, kein Gespräch, keinen Rat, keine Therapie, keinen Meister, keine Autorität – denn wenn wir uns mit unserem Erleben ganz verbinden, mangelt es uns an nichts. Wir ersparen uns den Irrweg über den Kopf, denn was wir brauchen, sind unser Körper, seine Sinne und die Erlaubnis, dass sein darf, was ist.

Die Wahrheit über uns selbst liegt in unserem Körper, in unserer Empfindung und Wahrnehmung dessen, was in ihm passiert. Unsere Freiheit finden wir, indem wir zulassen, was in unserem Körper passiert, und dem folgen, was wir dort finden. Freiheit entsteht, wenn wir uns von unserem Körper führen lassen.

Kapitel 2

Es ist verboten, glücklich zu sein

Wenn wir mit einem Menschen zusammen sind, dessen Ansichten und Meinungen uns interessieren, dann werden wir ihm Fragen stellen und auf seine Antwort warten. Wir wissen seine Antwort noch nicht. Während wir ihm die Zeit geben, die er braucht, um seine Antwort zu finden, schweigen wir. Aber wir sind bei ihm, wir sind einfach da, gespannt und neugierig. Was wird er uns sagen?

Ich möchte Sie im Folgenden dazu einladen, mit Ihrem Körper genauso respektvoll und interessiert umzugehen. Sprechen Sie mit Ihrem Körper wie mit einem wirklichen Gegenüber.

Dafür ist es notwendig, dass Sie zuerst einen ganz bewussten Kontakt zu Ihrem Körper aufnehmen.

Diese Verbindung zu unserem Körper ist das A und O – denn es ist diese Anbindung an unseren Körper, die uns seine Weisheit zugänglich macht und die verhindert, dass wir »Kopfgeburten« produzieren.

Die Kontaktaufnahme mit dem Körper lässt sich sehr schnell lernen. Legen Sie sich bitte Zettel und Stift für Notizen an die Seite.

Wie auch in allen anderen Übungen dieses Buches werden die einzelnen Schritte zunächst ausführlich dargestellt. Am Ende erfolgt ein Überblick über die Einzelschritte, der Ihnen helfen kann, schnell auf die betreffende Übung zuzugreifen. Das ist besonders hilfreich, wenn Sie die Übung zu einem späteren Zeitpunkt wiederholen möchten.

Übung: Körper-Kontakt

Nehmen Sie sich Zeit, und sorgen Sie bitte dafür, dass Sie für eine Weile ungestört sind. Machen Sie es sich bequem, aber nicht so bequem, dass Sie einschlafen. Am besten nehmen Sie eine sitzende Position ein, denn sie ermöglicht es Ihnen, wach zu bleiben, während Sie mit Ihrer Aufmerksamkeit nach innen gehen. Vielleicht möchten Sie die ganze Übung einmal durchlesen, bevor Sie anfangen, oder Sie fangen gleich an, lesen eine Instruktion und setzen sie um. Dann öffnen Sie wieder die Augen, lesen die nächste Instruktion und so weiter. Dieses Wechselspiel zwischen Lesen und körperlichem Nachspüren wird Ihnen auch in den weiteren Übungen dieses Buches wieder begegnen.

Beginnen Sie Ihren Körper zu spüren, und zwar in einer erlaubenden, anerkennenden Weise. Ihr Körper darf sein, wie er gerade ist. Nehmen Sie sich bitte die Zeit, die Sie brauchen.

Der äußere Bereich des Körpers

Füße

Vielleicht mögen Sie Ihre Augen schließen und fangen mit den Füßen an. Und beginnen zu spüren, wie sich Ihre Füße gerade anfühlen. Spüren Sie einmal, womit Ihre Füße in Kontakt sind und wie sich das anfühlt.

Beine

Spüren Sie von Ihren Füßen aufwärts in die Unterschenkel und wie es sich dort gerade anfühlt. Aufwärts die Knie hindurch in die Oberschenkel und wie es ist, mit Ihrer Aufmerksamkeit dort ein bisschen zu verweilen.

Becken

Spüren Sie in Ihr Becken hinein, spüren Sie einmal den Kontakt mit dem, worauf Sie gerade sitzen – und wie sich das anfühlt. Vielleicht mögen Sie spüren, wie die Unterlage Sie trägt und wie angenehm und unterstützend es sein kann, diesen Kontakt intensiv zu fühlen.

Rücken und Schultern

Spüren Sie Ihren Rücken hinauf, vielleicht den Kontakt zu einer Lehne. Nehmen Sie einmal wahr, wie sich Ihr Rücken gerade anfühlt, ganz erlaubend, ganz annehmend. Vielleicht: »Ah, hier oben spüre ich Spannung, dort unten fühlt es sich locker an ...« Spüren Sie auch Ihre Schultern und wie die sich gerade anfühlen.

Arme und Hände

Nun können Sie einmal in Ihre Arme hineinspüren, die Oberarme durch die Ellenbogen hindurch in die Unterarme, und wie es sich dort gerade anfühlt.
Spüren Sie in die Hände hinein, bis in die Fingerspitzen. Spüren Sie, wie Ihre Hände etwas berühren und wie sich dieser Kontakt anfühlt.

Nacken und Kopf

Spüren Sie Ihren Nacken und wie es sich dort anfühlt. Verweilen Sie einen Moment lang mit Ihrer Aufmerksamkeit im Nacken. Spüren Sie weiter hinauf, in Ihre Kopfhaut, und vorne in Ihr Gesicht, in Ihre Augen, in Ihre Nase. Spüren Sie einmal bis in Ihre Nasenspitze und wie sich das anfühlt. Spüren Sie weiter in Ihren Mund und in Ihr Kinn hinein, in die vielen kleinen Muskeln Ihres Gesichts.

Der innere Bereich des Körpers

Hals

Spüren Sie in Ihren Hals hinein, in ihre Kehle, und wie es sich dort anfühlt. Vielleicht ist eine Enge wahrnehmbar, vielleicht eine Weite, vielleicht Trockenheit oder vielleicht auch nichts. Was immer Sie wahrnehmen, begrüßen Sie es, indem Sie es innerlich ansprechen: »Hallo, ja, du bist da, und du darfst sein.« Auch wenn Sie dort *irgendwie nichts* empfinden, so können Sie dieses Nichts ebenso begrüßen.

Brustraum

Wenn Sie nun mit Ihrer Aufmerksamkeit hinab in Ihren Brustraum gehen, können Sie spüren, wie es sich dort von innen her anfühlt. Vielleicht begrüßen Sie einfach, in dieser anerkennenden, erlaubenden Weise, was Sie dort empfinden.

Bauchraum

Nun können Sie in Ihren Oberbauch und tiefer in den Bauch spüren und wie es sich dort gerade anfühlt. Lassen Sie Ihre Aufmerksamkeit, Ihr Spüren für eine Weile dort sein. Vielleicht mögen Sie begrüßen, was Sie dort gerade empfinden, einfach, indem Sie nach innen Hallo sagen und die Empfindung wie ein Gegenüber begrüßen. Sprechen Sie nach innen: »Ja, du bist da! Und du darfst sein. Du gehörst zu mir.«

Kurzanleitung der Übung: Körper-Kontakt

Lenken Sie Ihre Aufmerksamkeit zunächst in den äußeren Bereich Ihres Körpers:

- Füße – Beine – Becken/Kontakt zum Sitz
- Rücken – Schultern – Arme
- Hände/Kontakt der Hände – Nacken – Kopf

Gehen Sie dann mit Ihrer Aufmerksamkeit in den inneren Bereich Ihres Körpers:

- Hals – Brustraum – Bauchraum

Mit dieser Übung stellen Sie einen bewussten Kontakt zu Ihrem Körper her. So fühlt es sich an, in Ihrem Körper zu sein. Sie können nahtlos mit der folgenden Übung fortfahren.

Übung: Innere Verbote anerkennen

Ich möchte Sie einladen, sich gleich drei wichtige Fragen zu stellen – und sie nicht zu beantworten. Zumindest nicht mit dem Kopf. Lassen Sie die jeweilige Frage einfach in sich hineinfallen, in Ihr Körperinneres, in Ihren Bauch.

Dann warten Sie, wie Ihr Körper reagiert. Bleiben Sie ganz im Körper, ganz in der Wahrnehmung dessen, was im Körper geschieht. Es ist okay, wenn Ihre Gedanken zwischenzeitlich abschweifen, kehren Sie dann mit Ihrer Aufmerksamkeit zu Ihrem Bauch zurück. Lassen Sie die Frage mindestens eine Minute in sich wirken und sich ausbreiten, und spüren Sie, wie Ihr Körper antwortet. Und das Wichtigste: Begrüßen Sie, was in Ihrem Körper auftaucht. Was immer es ist, auch und gerade, wenn es unangenehm ist, begrüßen Sie es, und sagen Sie: »Hallo! Du darfst jetzt sein!«

Geben Sie allem, was in Ihnen ist, die Erlaubnis zu sein. Sie schaffen dadurch einen neuen, offenen Raum – eine Voraussetzung für Veränderung und Wachstum.

Bei dieser Übung werden Sie vielleicht ein Gefühl der Erleichterung spüren, wenn eine Frage beantwortet wird. Es mag eine kleine erste Bewegung sein, bei der Sie eine Verbesserung, etwas mehr Behagen in Ihrem Körper wahrnehmen. Vielleicht geht diese körperliche Empfindung gleich mit einer spontanen, unerwarteten Erkenntnis einher.

Vielleicht will *etwas in Ihnen* denken und analysieren, das ist okay. Sie können es als einen Teil von sich begrüßen und innerlich sagen: »Hallo! Ja, da denkt etwas in mir, analysiert. Ja, du darfst sein!« – und bleiben weiter im Körper, im Wahrnehmen, im Spüren.

Stellen Sie sich in dieser erlaubenden Weise die erste Frage (die drei Punkte ... kennzeichnen die Zeit für die Durchführung der Übung):

1. Frage: Bin ich glücklich?

Beantworten Sie diese Frage nicht, lassen Sie sie nur in den Körper fallen, nach innen. Bleiben Sie mit der Aufmerksamkeit im Spüren, in Ihrem Bauch, und geben Sie Ihrem Inneren Zeit, zu reagieren. Bleiben Sie einige Minuten einfach dabei, und seien Sie *mit* den Empfindungen. Vielleicht spüren Sie etwas Schwaches, Unklares, etwas, von dem Sie gar nicht wissen, was es ist – nur dass da *etwas* ist, *irgendetwas*. Begrüßen Sie dieses Etwas, und bleiben Sie eine Weile dabei – ohne es verändern zu wollen.

...

Legen Sie eine kleine Pause ein. Vielleicht schreiben Sie ein wenig von dem auf, was Sie gespürt haben. Achten Sie darauf, nur Ihre Beobachtungen und Wahrnehmungen aufzuschreiben, etwa: »Hm, da war ein Stechen im rechten Oberbauch, dann habe ich ein Bild gesehen ...« Oder: »Da war so ein Ziehen, es fühlte sich dann, hm, irgendwie klebrig an, dann stieg eine Erinnerung auf ...«

Meiden Sie bitte Interpretationen oder Analysen, was Ihre Empfindungen bedeuten könnten – selbst, wenn die Versuchung groß ist. Wir werden Ihre Ergebnisse später gemeinsam auswerten.

2. Frage: Darf ich glücklich sein?

Wieder gilt: Beantworten Sie diese Frage nicht, lassen Sie sie nur in den Körper fallen, und beobachten Sie, spüren Sie, was dort als Antwort geschieht. Lassen Sie diese Frage einige Minuten in sich wirken, und heißen Sie alles willkommen, was kommt: »Ah, da ist eine Enge. Hallo, ja, du bist da. Ah, interessant, sie wird jetzt stärker, weil ich sie begrüße. Hallo, ja, du darfst das, du darfst da sein, wie du bist, du bist willkommen ...«

Wenn Bilder in Ihnen aufsteigen, begrüßen Sie diese Bilder: »Hallo, ja, du bist da, du darfst sein ... und so weiter.

...

Machen Sie wieder eine kleine Pause. Vielleicht möchten Sie notieren, was Sie wahrgenommen haben.

3. Frage: Wen verrate ich, wenn ich glücklich bin?

Beantworten Sie diese Frage nicht, lassen Sie sie nur in den Körper fallen, und beobachten Sie, spüren Sie in der jetzt schon bekannten Weise, was dort als Antwort geschieht. Lassen Sie die Frage einige Minuten in sich wirken, und heißen Sie alles willkommen.

...

Machen Sie wieder eine kleine Pause, und notieren Sie, was Sie erlebt haben.

Kurzanleitung der Übung:
Innere Verbote anerkennen

Stellen Sie den Körper-Kontakt her.
Lassen Sie folgende Fragen in Ihren Körper fallen, und nehmen Sie einige Minuten lang wahr, wie Ihr Körper antwortet:
1. Frage: Bin ich glücklich?

2. Frage: Darf ich glücklich sein?

3. Frage: Wen verrate ich, wenn ich glücklich bin?

Auswertung der Übung

Wie war es für Sie, so mit Ihrem Körper umzugehen? Sie sind nicht allein, Sie sind niemals allein. Es ist eine Instanz da, die jenseits Ihres Verstandes funktioniert und Sie begleitet. Diese Instanz antwortet Ihnen, wenn Sie fragen und die Präsenz der noch ungelösten, noch nicht beantworteten Frage körperlich zulassen. Lassen Sie es zu, die Antwort nicht zu wissen.

Spüren Sie in Ihren Körper, während Sie keine Antwort, keine Lösung wissen. Betreten Sie den Raum des noch Ungelösten – es ist ein riesiger, freier Raum, den die meisten Menschen nur selten betreten.

In diesem Raum können Sie eine Instanz spüren, die weise ist. Wenn Sie in der beschriebenen Art schweigen, beginnt diese Instanz zu sprechen. Durch Ihren Körper offenbart sich ein Wissen, das viel weiter geht, als sich das Ihr Verstand erdenken kann. Sie können jederzeit mit dieser Instanz in Verbindung treten und sie befragen. Natürlich geht das umso besser, je häufiger Sie sich darin üben. Nutzen Sie diese Instanz, gehen Sie diese tiefe Verbindung mit Ihrem Körper ein. Sie werden merken, dass diese Befragung Sie von der »Verkopfung« befreit. Sie macht Sie frei und erzeugt ein Vertrauen jenseits des Erdachten, sie erzeugt ein *gefühltes* Vertrauen, ein Urvertrauen.

Wenden wir uns den Ergebnissen Ihrer Übung zu:

Antwort auf Frage 1: Bin ich glücklich?

Ihr Körper hat hier die Chance, Sie auf seine Wahrheit aufmerksam zu machen. Vielleicht übergehen Sie Ihren Körper, schlucken Tabletten, trinken übermäßig Alkohol, rauchen Kette oder gehen jeden Tag stundenlang ins Fitness-Studio. Kann sein, dass Ihr Körper gleich seine Chance nutzt und Ihnen mitteilt, wie schlecht es ihm geht. Zum Beispiel, indem Ihr Körper einen heftigen Schmerz im Magen, ein Stechen in der Brust, ein rasendes Herzklopfen als Antwort präsentiert. Das gilt es erst einmal anzuerkennen. Die Antwort kann allerdings auch subtiler erfolgen: ein symbolisches Bild, die Erinnerung an ein unangenehmes Erlebnis, ein abwertender Satz vielleicht. Was immer kommt, heißen Sie es willkommen. Es ist eine wichtige Information, denn es bringt Sie der Wahrheit über sich selbst näher.

Antwort auf Frage 2: Darf ich glücklich sein?

Wieder kann Ihr Körper in der eben bereits beschriebenen Form antworten. Die Antwort auf diese Frage, wie auch immer sie ausfällt, kann für Sie sehr wichtig sein. Sie kann mit einer tiefen Erkenntnis verbunden sein. Zum Beispiel antworten Sie aus dem Kopf: »Ja, klar darf ich glücklich sein!«, aber Ihr Körper meldet: Nein, *irgendwie* doch nicht. Damit haben Sie eine Information über ein Verbot erhalten, das Ihnen noch nicht bewusst war: Ihnen ist es verboten, glücklich zu sein. Vielleicht reißen Sie sich seit langer Zeit ein Bein aus, um Karriere zu machen, eine gute Ehe zu führen oder ein Haus zu bauen. Aber wenn Sie im Grunde gar nicht glücklich sein dürfen, wenn es ein inneres Verbot des Glücklichseins in Ihnen gibt, dann führt das alles nicht zum ersehnten Glück, denn Sie dürfen dieses Ziel gar nicht erreichen.

Stellen Sie sich bitte einmal einen Boxer vor, der um die Europameisterschaft kämpft. Er beherrscht seinen Gegner und führt klar nach Punkten, der Kampf scheint gelaufen zu sein. Doch plötzlich, kurz vor Ende des Kampfes, gibt unser Boxer auf. Keiner begreift, warum, es ist ein Skandal. Unser Boxer verschwindet für einige Jahre in der Versenkung, dann kommt er wieder nach oben und erhält die Möglichkeit, um die Weltmeisterschaft zu boxen, eine einmalige Chance. Unser Boxer schlägt sich unerwartet gut, er beherrscht seinen Gegner deutlich, immerhin ist dieser der amtierende Weltmeister. Er führt bereits klar nach Punkten, und es scheint nur noch eine Frage von Sekunden zu sein, bis er den Weltmeister auf die Bretter schickt. Dann geschieht das Unfassbare: Unser Boxer lässt seine Deckung fallen. Sein Gegner reißt die verquollenen Augen auf, er ist überrascht – aber er fackelt nicht lange. Er bündelt seine letzte Kraft zu einem einzigen gewaltigen Schwinger und darf ihn ohne Gegenwehr genau an die Kinnspitze unseres Boxers platzieren. Der schlägt krachend auf dem Ringboden auf. Das war es.

Nach dem Ende des Kampfes bietet sich uns ein seltsames Bild: Der Sieger, völlig entkräftet, muss von drei Leuten gestützt werden. Er ist so fertig, dass ihn ein Windhauch umpusten könnte. Aber er ist Weltmeister geblieben. Währenddessen gibt unser gescheiterter Boxer bereits ein Interview. Obwohl er gerade schwer k. o. gegangen ist , macht er schon wieder einen unglaublich fitten Eindruck. Er beteuert, wie leid ihm diese Niederlage tue, doch wer genau hinsieht, kann ein leutseliges Lächeln entdecken. Leutselig? Der Ausdruck auf dem Gesicht ist schwer zu beschreiben, aber man hat ein merkwürdiges Gefühl dabei. Für unseren Boxer scheint alles in Ordnung zu sein, obwohl er doch gerade besiegt worden ist. Komisch! Aber nur, bis man folgende Vermutung ins Spiel bringt: Ihm ist es verboten, wirklich erfolgreich zu sein! Er ist sympathisch, intelligent, talentiert – ja! Er arbeitet bis zum Äußersten, okay, aber der letzte, der ganz große Erfolg, der bleibt ihm verwehrt. Er kann diese Barriere nicht durchdringen, weil ihm die innere Erlaubnis fehlt.

Warum kann er das nicht? Warum lächelt er im Moment seiner Niederlage, als sei die Welt für ihn in Ordnung?

Eine Vermutung ist, dass er innerlich zu seinem Vater schaut, der immer kurz vor dem großen Erfolg gescheitert war. Innerlich sagt er zu ihm: »Papa, ich bin wie du, ich scheitere auch!«

Dann ist dieses leutselige Lächeln das Lächeln des loyalen Kindes, das glaubt, es erfülle sein eigenes Schicksal und nicht weiß, dass es sich um ein übernommenes Schicksal handelt. Unser Boxer kann trainieren, so viel er will – wenn er diese innere Barriere nicht überwindet, werden seine Bemühungen vergeblich bleiben.

Wir werden uns damit beschäftigen, solche Barrieren zu überwinden. Wir werden erkennen können, dass es Teile in uns sind, die entschieden haben, so zu werden wie unser

Vater oder unsere Mutter. Diesen Teilen von uns können wir aber zu einem Gegenüber werden und ihnen zuhören. Und wenn wir das ganz sanft tun und diese Teile uns sagen dürfen, was gesagt werden muss, dann erhalten sie das Vertrauen, sich zu verändern.

Das Beispiel dieses Boxers zeigt die Macht innerer Verbote. Und das führt uns zu Ihrer nächsten Antwort.

Antwort auf Frage 3: Wen verrate ich, wenn ich glücklich bin?

Möglicherweise stieg die Antwort in Form eines Bildes auf. Sie sahen vielleicht Ihre leidende Mutter oder Ihren Vater. Oder eine andere Person – eine Person, angesichts deren Schicksals Sie nicht glücklich sein dürfen. Hat Ihr Vater nicht das erreicht, was er wollte, und waren Sie als Kind seinen misslichen Stimmungen, seinen niederdrückenden Glaubenssätzen ausgeliefert? War Ihre Mutter restlos überfordert und gab Ihnen das Gefühl, dass alles zu viel ist, dass Ihre kindlichen Bedürfnisse oder Fragen immer zu viel sind? Statt dass sich Ihre Eltern dem Schmerz ihres eigenen Scheiterns, den vermeintlich negativen Gefühlen wie Wut, Traurigkeit und Verletztheit stellten, vermieden sie diese Gefühle, indem sie die Welt generell anklagten oder speziell Sie als Kind: Die Welt ist nicht in Ordnung, und Sie, das Kind, sind auch nicht in Ordnung. Sie sind eine Belastung. Wenn Sie traurig sind, ist das zu viel. Sie sollen sich zusammenreißen, Papa hat schließlich gerade seinen Job verloren!

Wir sind verboten

Als Kind, wenn unsere Weltwahrnehmung durch unsere Familie strukturiert wird, werden wir in das falsche Glaubenssystem unserer Familie hineingezogen und verinnerlichen es. Diese falschen Grundannahmen über die Welt sind uns jedoch so selbstverständlich, dass sie unserem Bewusstsein in der Regel entzogen sind. Diese uns unbewussten, selbstverständlichen Glaubenssätze sind es, die uns entscheidend einschränken. Wenn wir sie nicht ans Licht holen und korrigieren, läuft unser Leben so ab, dass sich diese Glaubensmuster bestätigen – wir leben das Leben unserer Eltern. Genau wie sie scheitern auch wir. Genau, wie Ihnen das Leben nicht das gegeben hat, was sie wollten, gibt uns das Leben nicht, was wir wollen. Es ist eine gemeine Welt da draußen! Während wir in den Chor dieser Anklage einstimmen, sind wir loyal zu unseren Eltern, wir bestätigen das von ihnen übernommene Glaubenssystem, ein Glaubenssystem voller Verbote, die sich alle aus einem Grundverbot speisen: Es ist uns verboten, zu sein, wer wir sind. Es ist uns verboten, glücklich zu sein.

Zunächst einmal ging es in der Übung darum, diese unbewussten Verbote und Loyalitäten überhaupt an die Oberfläche kommen zu lassen. Viele Dinge können sogleich in einem anderen Licht erscheinen, wenn wir diese Dimension in den Blick nehmen: immer wieder die gleiche Art von Beziehungen? Immer wieder die gleichen Konflikte am Arbeitsplatz? Immer wieder Leute, die Sie ausnutzen und enttäuschen?

Vermutlich bilden Sie dann das Schicksal einer Person nach, zu der Sie loyal sind – meist das Ihres Vaters oder

Ihrer Mutter oder das Schicksal einer anderen Ihnen nahe stehenden Bezugsperson.

Ihr Körper antwortet immer

Vielleicht erscheint im ersten Durchgang der Übung auch gar nichts. Vielleicht nehmen Sie nur ein vages, dumpfes Gefühl wahr. Oder vielleicht sagen Sie sich sogar: »Ich habe gar nichts gespürt, da ist nichts gekommen – nichts ist als Antwort passiert.« Und dann interpretieren Sie vielleicht: Die Übung funktioniert bei mir nicht!

Aber lassen wir einmal das Interpretieren und nehmen ernst, was Ihr Körper äußert. Das ist immer sinnvoll. Auch dieses Nichts ist eine wichtige Information. Die interessante Frage lautet jetzt: Wie fühlt sich dieses Nichts an? Wie wissen Sie, dass da nichts ist? Dafür müssen Sie ein Sensorium haben: Wo genau, wie genau spüren Sie dieses Nichts?

Folgen Sie dieser Spur. Experimentieren Sie, machen Sie weitere Durchgänge durch die drei Fragen, und spüren Sie den Botschaften Ihres Körpers nach. Sie treten in einen tieferen Kontakt mit sich, ganz gleich, wie Ihre Antworten ausfallen. Auch werden die Antworten sich mit jedem Durchgang verändern. Sie vertiefen Ihre Beziehung zu sich selbst und lernen nebenbei, dass Sie einen Körper haben, der ausschließlich daran interessiert ist, dass Sie sich finden. Sie können erfahren, dass es eine Dimension gibt, in der Sie völlig authentisch sind, in der sich das Echte zeigt und spürbar wird. Es gibt eine Welt, in der Sie so sein dürfen, wie Sie sind. In der Sie sind, wie Sie sind.

Die innere Familie

Mit der Kontaktaufnahme und dieser Kommunikation mit unserem Körper schaffen wir die Voraussetzung, unseren Umgang mit uns selbst gravierend zu verändern. Wir spüren unsere Verbote auf, um dort Erlaubnis geben zu können, wo wir bisher eingeschränkt waren. Schauen wir uns nun diese Teile von uns an, die uns einschränken: Wir finden sie in unserer inneren Familie.

Kapitel 3

Die innere Familie

Nehmen Sie sich wieder Zeit, und sorgen Sie dafür, dass Sie eine Weile ungestört sind. Es ist sehr wichtig, dass Sie die einzelnen Schritte der nachfolgenden Übung sehr genau, in aller Ruhe und ganz konzentriert ausführen.

Übung: Die innere Familie sichtbar machen

Wir werden in den nachfolgenden Übungen Ihre verinnerlichte Familie mit Hilfe von Zetteln im Raum aufstellen. So ist es zunächst leichter, diese Teile von sich zu identifizieren und für sie ein Gegenüber zu werden.

Dazu benötigen Sie einen Stapel Papier und einen Stift (gut geeignet ist ein dicker Stift, zum Beispiel ein Textmarker). Lesen Sie bitte erst einen Abschnitt durch, zum Beispiel gleich über den Vater, und führen Sie dann die Schritte in Ruhe aus. Danach kehren Sie zum Buch zurück und lesen den nächsten Abschnitt.

Andere Bezugspersonen, geschiedene Eltern

Falls Sie adoptiert wurden oder im Waisenhaus aufgewachsen sind, nehmen Sie anstelle von Vater und Mutter Ihre wichtigsten Bezugspersonen.

Ob Ihre Eltern geschieden oder bereits gestorben sind, spielt bei diesen Übungen keine Rolle, es geht um das Bild, das sich in Ihrem Inneren geformt hat.

Wenn Sie noch andere wichtige Bezugspersonen hatten oder haben, zum Beispiel den späteren Mann Ihrer Mutter, die Oma oder andere, so beginnen Sie zunächst einmal mit Vater und Mutter. Später, wenn Sie es möchten, können Sie die Übung mit den anderen Bezugspersonen durchgehen.

Der Vater

Nehmen Sie nun den ersten Zettel, und schreiben Sie Vater darauf. Zeichnen Sie einen Pfeil, der anzeigt, wohin Ihr Vater schaut.

Drehen Sie nun den Zettel um und halten Sie ihn vor sich, mit beiden Händen. Schließen Sie die Augen und lassen Sie Ihren Vater in diesen Zettel einströmen. Wie soll ich das denn machen? Stellen Sie sich einfach vor, es wäre möglich, dass alles, was mit Ihrem Vater zusammenhängt – auf eine magische Weise – in diesen Zettel einströmt. Der Zettel wird nun sozusagen zum Stellvertreter Ihres Vaters. Führen Sie ihn einige Schritte in den Raum, drehen Sie ihn einmal und legen Sie den Zettel ab.

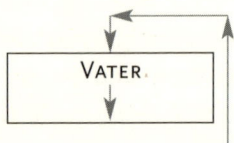

Sehr gut. Nun gehen Sie zur Ausgangsposition zurück und schauen auf den Zettel. Ihr Vater sollte in Ihre Richtung schauen.

Die Mutter

Wenn Sie merken, dass Sie aufgeregt oder hektisch sind, spüren Sie genau nach, wo Sie diese Aufregung im Körper wahrnehmen. An welcher Stelle im Körper genau? Begrüßen Sie sie. Sagen Sie: »Hallo, ja, du bist da. Du darfst sein!« Dann sind Sie nicht mehr identifiziert mit der Aufregung – Sie sind nicht die Aufregung, sondern Sie sind *mit* ihr.

Wenn Sie merken, dass es jetzt nicht der richtige Zeitpunkt ist, unterbrechen Sie und führen Sie die Übung später weiter. Sie sind immer der Chef.

Alles okay, fein. Dann verfahren Sie jetzt in der gleichen Weise mit Ihrer Mutter. Nehmen Sie den nächsten Zettel und schreiben Sie »Mutter« darauf. Machen Sie einen Pfeil, der anzeigt, wohin Ihre Mutter schaut.

Drehen Sie nun den Zettel um und halten Sie ihn vor sich, mit beiden Händen. Schließen Sie die Augen und lassen Sie Ihre Mutter in diesen Zettel einströmen. Sie wissen ja bereits, dass Sie sich das einfach vorstellen können. Stellen Sie sich einfach vor, es wäre möglich, dass alles, was mit Ihrer Mutter zusammenhängt, auf eine magische Weise in diesen Zettel einströmt. Der Zettel wird nun sozusagen zur Stellvertreterin Ihrer Mutter. Führen Sie sie einige Schritte in den Raum, drehen Sie sie einmal und legen Sie den Zettel neben Ihrem Vater ab.

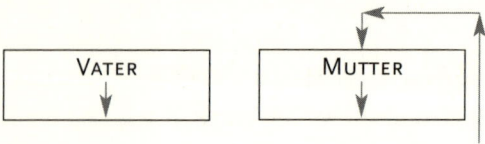

Sehr gut. Nun treten Sie einige Schritte zurück und schauen auf die beiden Zettel von Vater und Mutter. Beide sollten in Ihre Richtung schauen.

Das Heutige Ich

Nehmen Sie den nächsten Zettel und schreiben Sie: »Heutiges Ich«, und fügen Sie Ihr Alter hinzu. Machen Sie einen Pfeil, der Ihre Blickrichtung anzeigt, genau wie auf dieser Zeichnung:

Halten Sie den Zettel mit beiden Händen, schließen Sie die Augen und lassen Sie sich selbst in diesen Zettel einströmen. Stellen Sie sich einfach vor, es wäre möglich, dass alles, was mit Ihnen zusammenhängt, auf eine magische Weise in diesen Zettel einströmt. Der Zettel ist nun sozusagen der Stellvertreter für Sie. Führen Sie ihn einige

Schritte in den Raum, und legen Sie den Zettel vor Ihren Eltern ab, mit Blickrichtung zu Ihren Eltern.

Treten Sie zur Ausgangsposition zurück. Es sollte sich nun folgendes Bild ergeben haben:

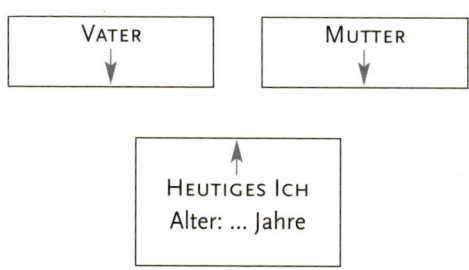

Sehr gut. Vielleicht haben Sie bemerkt, dass bereits Gefühle in Ihnen aufgestiegen sind. Vielleicht ist auch noch nichts passiert, das kann sich nun ändern.

Eintritt in die eigene Position

Gehen Sie nun zu Ihrem Zettel, und stellen Sie sich mit beiden Füßen ganz darauf. Ihr Blick weist zu Ihren Eltern. Schließen Sie die Augen, spüren Sie sich auf dieser Position ein. Lassen Sie die Arme hängen, spüren Sie einfach in Ihrem Körper nach, es ist alles erlaubt. Wie fühlen Sie sich? Lassen Sie Interpretationen einmal beiseite und suchen Sie nicht nach dem Sinn und der Bedeutung, sondern nehmen Sie einfach wahr, was zu spüren ist. Was passiert in Ihrem Bauch, Ihrem Rücken, Ihren Beinen, Ihren Armen, Ihrem Kopf?

Geht es Ihnen gut, oder ist es unangenehm?

Sind Sie in der Kraft?

Öffnen Sie Ihre Augen. Vielleicht schauen Sie nach unten auf die Zettel Ihrer Eltern. Schauen Sie bitte auf, stellen Sie sich vor, dass Ihre Eltern körperlich vor Ihnen stehen, genau auf dem Platz, an dem die Zettel liegen. Wie wirkt Ihr Vater auf Sie, wie Ihre Mutter? Wie fühlt es sich für Sie an, zu Ihren Eltern zu schauen? Ist es angenehm oder unangenehm? Stärkt es Sie oder schwächt es Sie? Welche Impulse steigen in Ihnen auf? Möchten Sie Ihren Eltern helfen, möchten Sie Ratschläge oder Aufforderungen erteilen, etwa: »Reiß dich doch mal zusammen!«? Sprechen Sie es aus, es darf sein! Fühlen Sie sich überlegen, schlauer, besser als Ihre Eltern? Oder ist es umgekehrt: Fühlen Sie sich klein, entmutigt, angeklagt oder kritisiert?

Nehmen Sie sich Zeit, nachzuspüren, und nehmen Sie wahr, was Ihr Körper Ihnen sagt. Gehen Sie dann aus Ihrer Position heraus, atmen Sie einige Male tief durch, und, wenn Sie möchten, schreiben Sie auf, was Sie erlebt haben.

Vielleicht wollen Sie nun eine Pause machen und später fortfahren.

Eintritt in die Position des Vaters

Gehen Sie nun zu dem Zettel Ihres Vaters, und stellen Sie sich mit beiden Füßen ganz darauf. In diesem Moment sind Sie nicht mehr sein Kind, nicht mehr Sie, sondern Sie sind jetzt Ihr Vater. Ihr Blick, der nun der Blick Ihres Vaters ist, weist zu dem Zettel vor Ihnen, dort steht Ihr Kind. Neben Ihnen steht Ihre Frau. Schließen Sie die Augen, spüren Sie sich auf dieser Position ein. Lassen Sie die Arme hängen, spüren Sie einfach in Ihrem Körper nach, es ist alles erlaubt. Wie fühlen Sie sich? Lassen Sie Interpretationen beiseite, nehmen Sie einfach wahr, was hier zu spüren ist. Was passiert in Ihrem Bauch, Ihrem Rücken, Ihren Beinen, Ihren Armen, Ihrem Kopf? Geht es Ihnen als Ihr Vater gut oder ist es unangenehm? Sind Sie hier, in dieser Position, in der Kraft?

Öffnen Sie Ihre Augen. Vielleicht schauen Sie nach unten auf den Zettel Ihres Kindes, dann schauen Sie bitte einmal auf, in das Gesicht des Kindes. Stellen Sie sich vor, dass tatsächlich Ihr Kind vor Ihnen steht, genau auf dem Platz, an dem der Zettel liegt. Neben Ihnen steht Ihre Frau, die Mutter des Kindes.

Wie wirkt Ihr Kind auf Sie? Ist es glücklich oder unglücklich? Was spüren Sie, wenn Sie Ihr Kind ansehen? Nehmen Sie es überhaupt wahr? Sind Sie daran interessiert, wie es Ihrem Kind geht, oder sind Sie irgendwie gar nicht richtig da? Sind Sie mit etwas ganz anderem beschäftigt? Das darf sein. Lassen Sie zu, was wirklich ist. »Du interessierst mich gar nicht!« Sagen Sie einfach, was ist. Oder möchten Sie Ihrem Kind nichts sagen? »Ich habe dir nichts zu sagen!« Tun Sie das einfach.

Und wie ist es, Ihre Frau neben sich zu spüren? Blicken Sie einmal hinüber. Gibt es hier etwas zu klären? Es ist jetzt nicht wichtig zu wissen, was genau das ist, nur wahrzunehmen, ob da etwas zu klären ist. Welche Impulse steigen in Ihnen auf? Gibt es etwas, was Sie Ihrer Frau sagen möchten? Sagen Sie es einfach, Sie können es sozusagen »in Kladde sprechen« und dann korrigieren, was besser passt. Nehmen Sie sich Zeit, nachzuspüren, und nehmen Sie wahr, was Ihr Körper Ihnen in dieser Position des Vaters sagt.

Gehen Sie nun aus dieser Position heraus, schütteln sie sich aus, atmen Sie einige Male tief durch. Spüren Sie den

Kontakt Ihrer Füße mit dem Boden, stampfen Sie vielleicht auch einmal auf. Trennen Sie sich klar von der Position Ihres Vaters. Vielleicht möchten Sie aufschreiben, wie Ihr Vater sich fühlt.

Ist es für dieses Mal genug? Fragen Sie bitte Ihren Körper, lassen Sie die Frage in sich hineinfallen. Vielleicht möchte Ihr Körper eine Pause machen.

Eintritt in die Position Ihrer Mutter

Gehen Sie nun zu dem Zettel Ihrer Mutter, und stellen Sie sich mit beiden Füßen ganz darauf. In diesem Moment sind Sie nicht mehr das Kind Ihrer Mutter, Sie sind jetzt Ihre Mutter. Ihr Blick, der nun der Blick Ihrer Mutter ist, weist zu dem Zettel vor Ihnen, dort steht Ihr Kind. Neben Ihnen steht Ihr Mann. Schließen Sie die Augen, spüren Sie sich auf dieser Position ein. Lassen Sie die Arme hängen, spüren Sie einfach in Ihren Körper, es ist alles erlaubt. Wie fühlen Sie sich? Lassen Sie Interpretationen beiseite, nehmen Sie einfach wahr, was hier zu spüren ist. Was passiert in Ihrem Bauch, Ihrem Rücken, Ihren Beinen, Ihren Armen, Ihrem Kopf? Geht es Ihnen als Ihre Mutter gut oder ist es unangenehm? Sind Sie hier, in dieser Position, in der Kraft?

Öffnen Sie Ihre Augen. Schauen Sie in Richtung des Zettels Ihres Kindes, dort steht Ihr Kind. Stellen Sie sich vor, dass tatsächlich Ihr Kind vor Ihnen steht, genau auf dem Platz, an dem der Zettel liegt. Schauen Sie nicht nach unten auf den Zettel, schauen Sie bitte auf, in das Gesicht des Kindes. Wie wirkt das Kind auf Sie? Wirkt es auf Sie glücklich oder unglücklich? Was spüren Sie, wenn Sie Ihr

Kind ansehen? Sind Sie daran interessiert, wie es Ihrem Kind geht, oder sind Sie irgendwie gar nicht richtig da? Mit etwas ganz anderem beschäftigt? Das darf sein. Lassen Sie zu, was wirklich ist. Lassen Sie einen Satz kommen, vielleicht etwas wie: »Was soll ich tun?«, oder: »Ich sehe dich gar nicht.«

Sagen Sie einfach, was ist. Wenn Sie Ihrem Kind nichts sagen können, sagen Sie: »Ich kann dir nichts sagen!«, oder: »Ich kann dir auch nicht helfen.« Tun Sie das einfach und spüren Sie nach, was stimmig ist.

Neben Ihnen steht Ihr Mann, der Vater Ihres Kindes.

Wie fühlt es sich an, Ihren Mann neben sich zu spüren? Blicken Sie einmal hinüber. Gibt es hier etwas zu klären? Bohren Sie da nicht weiter hinein, grübeln Sie nicht, sondern nehmen Sie einfach nur wahr, ob es etwas zu klären gibt.

Welche Impulse steigen in Ihnen auf? Gibt es etwas, was Sie Ihrem Mann sagen möchten? Sagen Sie es einfach. Nehmen Sie sich Zeit nachzuspüren, und nehmen Sie wahr, was Ihr Körper Ihnen in dieser Position sagt.

Gehen Sie nun aus der Position der Mutter heraus, schütteln Sie sich aus, atmen Sie einige Male tief durch, und spüren Sie den Kontakt Ihrer Füße mit dem Boden, vielleicht stampfen Sie einmal auf. Trennen Sie sich klar von der Position Ihrer Mutter, gehen Sie ans Fenster oder auf den Balkon und atmen frische Luft. Jetzt möchten Sie vielleicht aufschreiben, wie Ihre Mutter sich fühlt.

Stellen Sie sich wieder die Frage: Reicht es für heute? Gehen Sie bitte ganz sorgsam mit sich um. Fragen Sie Ihren Körper, lassen Sie die Frage in sich hineinfallen. Vielleicht signalisiert Ihnen Ihr Körper, dass Sie eine Pause machen sollten.

Andere Bezugspersonen

Wenn Sie bei dieser Übung bemerkt haben, dass noch andere Bezugspersonen für Sie wichtig sind, so können Sie diese Übung später mit diesen Personen wiederholen, oder Sie stellen die anderen Bezugspersonen neben Vater und Mutter.

Kurzanleitung der Übung:
Die innere Familie sichtbar machen

Stellen Sie Ihre verinnerlichte Familie mit Hilfe von Zetteln im Raum auf. Gehen Sie nach folgender Reihenfolge vor:

Die erste Position: der Vater
Die zweite Position: die Mutter
Die dritte Position: Heutiges Ich
Eintritt in Ihre eigene Position
Eintritt in die Position Ihres Vaters
Eintritt in die Position Ihrer Mutter

Zulassen, was ist

Wir haben Ihre innere Familie sichtbar gemacht. Das ist das Bild, das Sie mit sich herumtragen. Die Gefühle, die Sie in den unterschiedlichen Positionen wahrnehmen konnten, sind die Gefühle, mit denen Sie normalerweise herumlaufen und die Ihnen in der Regel nicht bewusst waren. Es kann jetzt unangenehm sein, diese Gefühle anzuerkennen. Es mag Illusionen zerstören, lässt Ihre Herkunft, Ihre Eltern in einem anderen Licht erscheinen. Gleichzeitig kann es sein, dass Sie sich erleichtert fühlen: »Ah, ja, das ist es. Stimmt!«

Wenn Sie zulassen, was ist, wenn an die Oberfläche kommen darf, was Sie wirklich empfinden, hilft Ihnen das immer. Es entspannt Sie, und Sie spüren diese tiefe Verbindung mit sich selbst. Wenn Sie sich dagegen Ihrem inneren Erleben nicht stellen – etwa indem Sie sich sagen: »Bloß nicht daran rühren! Lieber nicht hinschauen, wer weiß, was da kommt!« –, dann wenden Sie große Kraft auf, Gefühle nach unten zu drücken. Das ist so, als würden Sie einen Deckel auf einen dampfenden Kessel drücken, das kostet viel Kraft. Auf Dauer kann es zur Explosion kommen, zum Beispiel zu einer Krankheit.

Wenn Sie nun zulassen, dass Sie den Deckel anheben, dann gibt es vielleicht zuerst eine Menge Dampf! Der verzieht sich aber rasch. Bald können Sie ganz ruhig das Blubbern der Blasen betrachten. Hm, da ist eine Menge Energie! Können Sie sich vorstellen, wie viel Anstrengung es Sie gekostet hat, gegen diese Energie anzukämpfen?

Zuzulassen, was Sie wirklich Ihren Eltern gegenüber empfinden, was Ihre Eltern Ihnen gegenüber empfanden, kann sehr ernüchternd sein. In der Regel ist es ernüchternd. Ich kenne keinen, mich eingeschlossen, bei dem ein solches erstes Hinschauen nicht verschiedene, zunächst einmal als negativ bewertete Emotionen freigesetzt hätte. Trauer, Wut, Anklage, Hoffnungslosigkeit, Wehmut vielleicht – ein Anklingen jenes tiefsten inneren Schmerzes über die verlorene Kindheit. Dieses letzte Gefühl kann vielleicht das Schlimmste überhaupt sein, es ist der tiefste Schmerz, den wir kennen. Es ist der Schmerz des kleinen Kindes, das verlassen wird.

Das tiefste Trauma und das verlassene innere Kind

Wir sind erwachsen, und doch fürchten wir nichts mehr, als verlassen oder abgewiesen zu werden. Das ist uns in der Regel nicht bewusst. Wir reißen uns ein Bein aus, um diesen Schmerz des Verlassenseins abzuwehren. Und wir sind darin raffiniert geworden, äußerst raffiniert. Wenn uns andere Menschen in Kontakt mit diesem Schmerz bringen, dann werden diese Menschen unsere Feinde. Wir klagen Sie an, wir werfen Ihnen Ihre Fehler vor, wir machen Sie verantwortlich für die Gefühle, die in uns anklingen. Wir flüchten uns in die Wut, wir kämpfen gegen diese Menschen und wünschen uns, dass sie sagen: »Ja richtig, ich habe dir das angetan, es ist nur meine Schuld!«

Aber selbst wenn sie das sagen, finden wir keine Ruhe, denn wir bleiben in Gefahr. Wenn wir von einem Partner verlassen worden sind, flüchten wir zu einem anderen, um das riesige innere Loch zu stopfen. Doch die Gefahr bleibt. Auch er könnte uns verlassen, wir müssen aufpassen. Wir überlegen uns, was wir tun müssen, damit er bei uns bleibt. Oder wir überlegen uns, was wir tun müssen, damit wir nicht zu tief in die Beziehung hineingezogen werden. Vielleicht finden wir Wege, ihn auf Distanz zu halten. Ist das befriedigend? Nein.

Im Grunde haben wir immer Angst, sind immer angreifbar und verletzbar. Wir rennen mit einer riesigen Wunde umher und tun so, als ob alles in Ordnung sei. Wir fordern uns sogar ab, uns gefälligst zusammenzureißen und nicht so schwach zu sein. Andere Menschen helfen uns in der Regel dabei, denn sie machen es genauso. Hatten Sie schon einmal Liebeskummer und haben den Segen der guten Ratschläge Ihrer Freunde gespürt? »Das wird schon wieder! Hey, die war sowieso nicht die Richtige!« – »Lenk dich jetzt mal ab! Lerne neue Leute kennen!« – »Vergrab dich ja nicht zu Hause, in deinem Kummer! Los, starte sofort durch und geh ins Fitness-Studio!«

Wenn wir dann tatsächlich ins Fitness-Studio gehen, fällt uns die Hantel aus der Hand. Wir verstehen die Leute gar nicht, die hier einfach trainieren, als sei die Welt in Ordnung. Denn innerlich zerreißt es uns. Der Versuch, mitzuspielen und so zu tun, als sei man stark und das Ganze mache uns nichts aus, macht uns erst richtig fertig. In solchen Zeiten der Not zeigt es sich auch, ob wir wirkliche Freunde haben. Freunde, die uns nicht wegen unserer Gefühle ablehnen, sondern uns darin begleiten, unsere Gefühle zuzulassen. Vermeintliche Freunde, die gute Ratschläge geben, schützen sich vor der Wahrheit ihres eigenen Schmerzes und können daher unseren Schmerz nicht aushalten. Ein guter Freund könnte uns im Arm halten, während wir weinen und unseren Schmerz zulassen. Er könnte uns begleiten, während wir durch unseren Schmerz hindurchgehen. Der Schmerz ist erlaubt, er darf sein, er darf sich in Ihrem Körper ausbreiten. Ja, Sie geben sich dem Schmerz hin und stellen diesem Gefühl, das durch Sie werden will, Ihren Körper zur Verfügung. Vielleicht schüttelt es Sie ein paar Momente lang, Tränen stürzen heraus, und merkwürdigerweise fühlen Sie sich, während Sie die Emotionen durchschütteln, eigentlich gar nicht so schlecht. Im Gegenteil,

Sie merken: »Ja, das ist wahr, das bin ich, das gehört zu mir!«

Das Schluchzen vergeht, die Tränen versiegen. Sie lösen sich von Ihrem Freund. Kann das wahr sein? Sie fühlen sich eigentlich ganz gut, freier, gelöster. Vielleicht haben Sie sich gerade Jahre des Liebeskummers, Jahre des Kampfes gegen ein Gefühl erspart, und zwar, indem Sie gleich zum Grund des Gefühls vorgedrungen sind und es gefühlt haben.

Durch die Wahrheit der Gefühle gehen

Wenn Sie durch die Wahrheit Ihrer Gefühle gehen und Ihren Widerstand aufgeben, sind Sie frei! Und Sie sind weiter und größer, näher bei sich selbst als zuvor. Vielleicht werden Sie nicht gleich vor dem Verflossenen auf die Knie fallen und ihm dafür danken, dass er Sie verlassen und diese Erfahrung erst möglich gemacht hat, aber es geht tatsächlich ein wenig in diese Richtung. Sie erlauben den Schmerz, den Ihr Partner in Ihnen ausgelöst hat, und befreien sich dadurch von ihm.

Wenn Sie Freunde haben, die die Wahrheit Ihrer Gefühle aushalten und daran interessiert sind, Sie durch Ihre Gefühle hindurchzubegleiten, dann ist das sehr schön, es ist wundervoll. Wenn Sie einen Therapeuten haben, der dazu in der Lage ist, auch gut! Sie haben das Glück, Menschen zu kennen, die Ihnen erlauben, so zu sein, wie Sie sind. Das Beste ist jedoch, wenn Sie sich selbst in dieser liebevollen Form begleiten können. Wenn Sie sich selbst genau die Liebe geben, die Sie brauchen. Sie werden damit frei von anderen Menschen, Sie werden unabhängig. Sie können sich genau das geben, was Ihnen fehlt.

Wenn Sie das können, werden Sie ganz und finden Ihre volle Kraft. Sie brauchen dann Ihre Kraft nicht mehr abzugeben, in der irrigen Hoffnung, sie bräuchten jemand anderen, der ihnen etwas gibt, was ihnen fehlt. Sie geben sich das selbst. Das wird Ihr Leben grundlegend verändern. Ihre Suche nach sich selbst, worin diese auch bislang bestanden hat, in beruflichen Erfolgen oder Beziehungspartnern vielleicht, ist zu ihrem Ziel gekommen. Wenn Sie sich selbst geben können, was Sie brauchen, wenn Sie anerkennen können, was ihr verlassenes inneres Kind fühlt, und es darin begleiten, dann lieben Sie sich selbst und werden heil.

Das ist hoch angesetzt, aber es ist keine Utopie. Sie können das in den folgenden Übungen der Erlaubnis-Imagination selbst erleben. Und Sie können die Methode erlernen, sich selbst ein solcher Begleiter zu sein.

Kapitel 4

Die Erlaubnis-Imagination

Das verlassene innere Kind finden

Wenn Sie die folgenden Übungen durchführen, sorgen Sie bitte für optimale Rahmenbedingungen. Nehmen Sie sich Zeit für diese Übung, und stellen Sie sicher, dass Sie nicht gestört werden können.

Stehen die Stellvertreter immer noch auf ihrem Platz? Ansonsten legen Sie sie wie vorhin beschrieben aus:

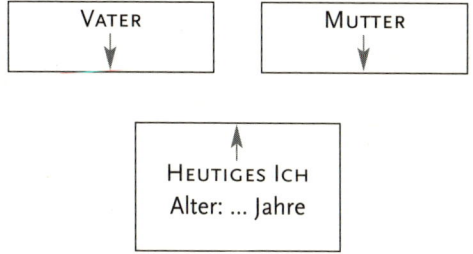

Schieben Sie nun das untere Papier, also den Stellvertreter für Sie selbst, auf die Seite. So entsteht Ihren Eltern gegenüber eine vakante Position:

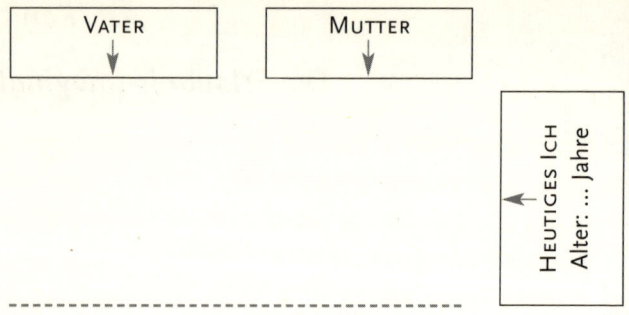

Nehmen Sie sich einen neuen Zettel, und schreiben Sie bitte auf das Papier: »Verlassenes Kind«. Zeichnen Sie einen Pfeil für die Blickrichtung ein:

Sitzen Sie vor diesem Papier? Gut. Nehmen Sie es noch nicht in die Hände, denn die brauchen Sie gleich. Legen Sie noch ein weiteres Papier für Notizen auf die Seite. Lesen Sie bitte die nachfolgenden Instruktionen erst einmal bis zum Ende durch, damit Sie wissen, was Sie erwartet. Dann folgen Sie in einem zweiten Durchgang bitte Schritt für Schritt dieser Anleitung.

Zeitreise zum verlassenen inneren Kind

Denken Sie an das letzte Mal, als Sie verlassen wurden, als Sie sich verlassen fühlten. Vielleicht, als ein Partner Sie verließ, vielleicht, als jemand starb, den Sie mochten. Vielleicht müssen Sie auch weiter zurückgehen, zu einer großen Liebe, die Sie auf schmerzvolle Weise verloren haben.

Stellen Sie sich jetzt diesem Schmerz. Gehen Sie zu dem Erlebnis, als Sie diesen Schmerz spürten; tun Sie so, als sei gerade jetzt der Moment, an dem Sie diesen Schmerz erfahren. Vielleicht sehen Sie eine bestimmte Szene, dann versetzen Sie sich bitte ganz hinein: Wenn Sie auf die Szene draufschauen wie auf einen Film, in dem Sie sich selbst als Darsteller sehen, so versetzen Sie sich in diesen Darsteller hinein. Dann befinden Sie sich mitten im Film: Sie sehen aus seinen Augen, Sie hören, was er in der Szene hört. Vielleicht hören Sie einen bestimmten Satz, dann horchen Sie genau hin. Hören Sie die Betonung, das Timbre der Stimme. Wenn Sie jetzt den Schmerz spüren, so spüren Sie nach, wo er in Ihrem Körper wohnt. Wo genau ist er am stärksten zu spüren? Legen Sie bitte eine Hand auf diese Stelle.

Die meisten Menschen spüren diesen Verlassenheits-schmerz in ihrem Bauch. Er fühlt sich häufig an, als bohrten Schwerter in den Eingeweiden. Zugegeben, das ist nicht angenehm, aber um Ihr verlassenes inneres Kind zu retten, müssen wir es zuvor erst einmal finden. Vielleicht spüren Sie auch einen schmerzhaften Kloß im Hals, dort können Sie Ihre andere Hand hinlegen. Haben Sie eine oder mehrere Stellen gefunden? Sehr gut. Lassen Sie Ihre Hände dort, und gehen Sie durch die Zeit zurück. Wie das geht? Stellen Sie sich vor, Sie reisen zurück, Sie werden jünger. Sie können auch ganz langsam Ihr Alter rückwärts-zählen, zum Beispiel, indem Sie sagen: »Jetzt bin ich 40 Jahre, jetzt 39 Jahre, jetzt 38« ... und so weiter.

Machen Sie das recht zügig, aber wenn Sie merken, dass sich der Schmerz verstärkt, halten Sie inne und lassen das Erlebnis aufsteigen, das den Schmerz verstärkt. Notieren

Sie Ihr Alter und ein kurzes Stichwort, was passiert ist, zum Beispiel: »19 Jahre, Abiturprüfung!«

So gehen Sie durch die Zeit zurück, Jahr um Jahr, manchmal schnell, wenn sich das Gefühl nicht verändert, manchmal langsam, wenn es stärker wird. Sie gehen zurück bis in Ihre Kindheit. Nehmen Sie sich dort ein Erlebnis, an dem Sie das Gefühl stark spüren, vielleicht am stärksten. Meist passiert das in einer traumatischen Situation, häufig im Alter von vier oder fünf Jahren: Sie haben Gefühle, die Ihre Eltern strikt ablehnen, oder etwas Schlimmes passiert, und Sie werden allein gelassen. Schreiben Sie bitte auf, was passiert.

Bleiben Sie innerlich in Kontakt mit dieser Situation und dem kleinen Kind, das Sie waren. Nehmen Sie nun den Zettel in die Hände, und lassen Sie dieses kleine Kind in den Zettel einströmen. Stellen Sie sich einfach vor, Ihr verlassenes inneres Kind würde in den Zettel schlüpfen. Dann legen Sie den Zettel auf die vakante Position.

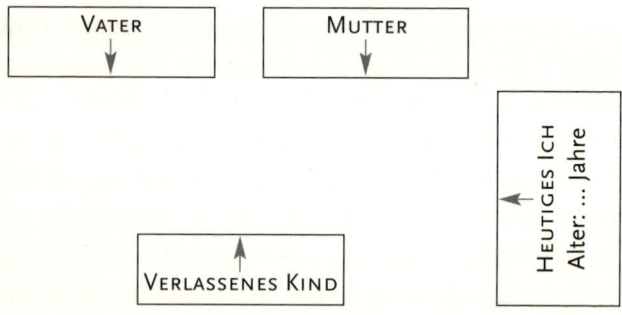

Wenn die Zettel in dieser Weise jetzt vor Ihnen liegen, möchte ich Sie einladen, diesen Schritt zu rekapitulieren und, vor allem, zu würdigen:

- Sie haben sich einem tiefen Gefühl gestellt, dem Schmerz Ihres verlassenen inneren Kindes. Die meisten Menschen wenden nun sehr viel Energie auf, diesen Schmerz nicht zu spüren – benutzen Beziehungspartner dazu, verfolgen vielleicht fanatisch äußere Ziele oder unterdrücken den Schmerz mit Suchtmitteln. Wie wir gesehen haben, befriedigen diese Ausweichmanöver nur kurzfristig, wenn überhaupt.
- Indem Sie Ihr inneres Kind jetzt wiederfinden und seinen Schmerz zulassen, schaffen Sie die Grundlage für eine tiefe Veränderung.
- Sie haben Ihre innere Familie sichtbar gemacht. Sie haben Teile Ihrer Persönlichkeit ins Licht gerückt, die in Ihnen am Werk sind.

Wir haben alle diese unterschiedlichen Teile in uns, diese verschiedenen Bestrebungen und Stimmen, und wir versuchen – meist vergeblich –, dieses ganze Sammelsurium in einer einzigen Stimme unterzubringen. Und die wollen wir dann unser Ich nennen: »Ich bin traurig. Aber ich reiße mich jetzt zusammen, nutzt ja nichts! Da muss ich jetzt durch!«

Die Folge eines solchen inneren Dialogs ist ein innerer Krieg, der keine Lösung bringt. Der traurige Anteil darf nicht sein und soll bekämpft werden. Entspannender wäre ein erlaubender Dialog, der die unterschiedlichen Stimmen anerkennt: »Ah, ja, da ist ein Teil in mir, der ist jetzt ganz traurig. Ja, du darfst sein, ich erkenne dich an, und ich spüre, wie traurig du bist. Ah, und da ist noch etwas in mir, da ist ein Teil, der will, dass ich mich zusammenreiße, ah, ja, du bist auch da. Ich erkenne dich an, und ich spüre, wie wichtig es dir jetzt ist, dass ich mich zusammenreiße. Ah, da sind also diese beiden Teile in mir, und die kämpfen jetzt. Ja, ich nehme die beiden jetzt an die Hand. Ihr beide gehört zu mir, ja, und euer Konflikt gehört zu mir.«

Wenn wir in dieser erlaubenden Weise mit den widerstreitenden Impulsen in uns umgehen, werden wir weiter und gelassener. Sicher, der Konflikt ist nicht gelöst, beide Teile sind noch da, aber wir sind nicht mehr mit einem der Teile identifiziert. Wir stehen nicht mehr unter Druck. Indem der Konflikt in uns sein darf, haben wir zwar nicht den Konflikt gelöst, aber uns *von dem Konflikt gelöst.* Wir haben an Freiheit gewonnen.

Die weiteren Übungen dieses Buches werden Sie zu einem solchen liebevollen Umgang mit sich selbst hinführen. Lassen Sie uns an dieser Stelle mit dem nächsten Schritt der Erlaubnis-Imagination fortfahren, es sei denn, Sie haben das Gefühl, Sie benötigen eine Pause. Dann sollten Sie an dieser Stelle unterbrechen. Legen Sie dann zu einem späteren Zeitpunkt die Zettel wie oben aus, und stimmen Sie sich auf die Gefühle ein, bevor Sie mit dem folgenden Schritt fortfahren.

Übung: Befindens-Check

Wie Sie vielleicht schon bemerkt haben, wird die Ausführung der Übungen sehr genau beschrieben. Das hat zwei Gründe: Erstens soll es Ihnen ermöglichen, sich ganz auf Ihr Erleben zu konzentrieren. Zweitens ist es bei dieser Art tiefer Selbsterfahrung wichtig, die Übungen präzise auszuführen, um optimale Ergebnisse zu erzielen.

Treten Sie gleich in der bereits geübten Weise in die einzelnen Positionen ein. Da wir eine neue Position hinzugefügt haben, werden wir zunächst einen kurzen Befindens-Check bei Vater und Mutter durchführen. Danach kümmern wir uns um die Beziehung von Ihrem Heutigen Ich zu Ihrem verlassenen inneren Kind.

Wenn Sie ein Foto von sich als Kind haben, am besten im Alter von vier oder fünf Jahren, können Sie dieses Foto auf die Position des verlassenen Kindes legen. Es kann Ihnen später den Zugang zu seinen Gefühlen erleichtern.

Gehen Sie bitte in dieser Reihenfolge vor:
Vater
Mutter
Verlassenes Kind
Heutiges Ich

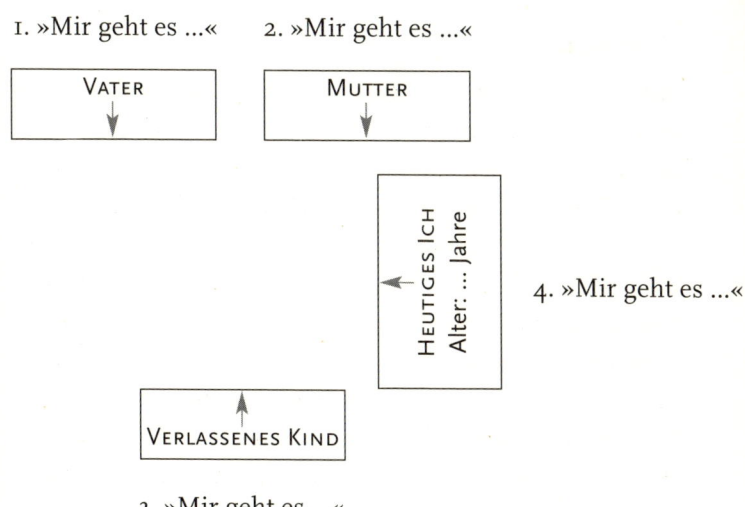

1. »Mir geht es ...«   2. »Mir geht es ...«

VATER

MUTTER

HEUTIGES ICH
Alter: ... Jahre

4. »Mir geht es ...«

VERLASSENES KIND

3. »Mir geht es ...«

1. Der Vater

Beginnen wir diesen Befindens-Check bei Ihrem Vater. Bevor Sie in seine Position eintreten, können Sie noch einen Blick auf Ihre Notizen vom letzten Mal werfen und sich auf ihn einstimmen. Treten Sie nun auf den Zettel, und spüren Sie sich ein. Sie sind jetzt Ihr Vater. Nehmen Sie das veränderte Bild wahr, es steht jetzt ein kleines Kind vor Ihnen. Wie geht es Ihrem Vater jetzt? Spüren Sie seine Gefühle, und sprechen Sie den Satz zu Ende:
»Mir geht es ...«

Machen Sie es kurz. Zwei oder drei Worte genügen, zum Beispiel: »Mir geht es schlecht, ich fühle mich unter Druck.« Oder: »Ich weiß nicht, ich fühle mich plötzlich ganz benebelt.«

Treten Sie klar aus der Position des Vaters heraus, und notieren Sie bitte den Satz, den er gesprochen hat.

2. Die Mutter

Stimmen Sie sich zunächst mit Ihren Notizen auf Ihre Mutter ein. Dann treten Sie bitte in die Position der Mutter und stimmen sich auf ihre körperlichen Empfindungen ein. Lassen Sie diese Konstellation mit dem kleinen Kind auf sich wirken, und beginnen Sie wieder mit den Worten: »Mir geht es ...«, und sprechen Sie in der Rolle Ihrer Mutter diesen Satz zu Ende.

Machen Sie es auch hier kurz. Ein oder zwei Aussagen über das Befinden reichen aus, zum Beispiel: »Mir geht es, hm, ich weiß gar nicht, ich bin irgendwie gar nicht da.« Oder: »Ich fühle mich traurig, wenn ich das Kind jetzt sehe. Auch hilflos ...«

Treten Sie klar aus der Position der Mutter heraus, und notieren Sie bitte den Satz, den sie gesprochen hat.

3. Das verlassene innere Kind

Stimmen Sie sich zunächst mit Ihren Notizen von der Zeitreise wieder auf Ihr verlassenes inneres Kind ein. Schauen Sie, wenn vorhanden, auf Ihr Kinderfoto. Legen Sie die Hand dort auf Ihren Körper, wo Sie den Schmerz des Verlassenseins empfanden. Wenn Sie ihn wieder spüren, treten Sie in die Position des verlassenen Kindes ein. Stimmen Sie sich auf die körperlichen Empfindungen ein, und lassen Sie Ihre Eltern auf sich wirken. Sie sind klein, ein kleines, verlassenes Kind. Vielleicht möchten Sie nicht stehen, sondern auf die Knie gehen oder sich sogar auf dem Boden einrollen. Drücken Sie mit Ihrem Körper aus, wie es Ihnen geht. Es darf jetzt sein. Wenn das für Sie schwierig ist, können Sie ein Handtuch mit auf die Position nehmen, es zusammenrollen und eine Weile kneten. Stellen Sie sich vor, dieses geknetete Wesen sei Ihr inneres Kind, und lassen Sie die Gefühle von dem Handtuch in Ihren Körper fließen. So kommen Sie unter Umständen sehr stark in Kontakt mit den Gefühlen des verlassenen Kindes.

Schauen Sie auf das Kinderfoto, wenn vorhanden, und spüren Sie sich in dieses kleine Wesen ein.

Sagen Sie die Worte: »Mir geht es ...«, und sprechen Sie diesen Satz als verlassenes Kind zu Ende. Sie können das in Kindersprache und Kindertonlage tun, niemand hört zu, probieren Sie es einfach aus. Zum Beispiel: »Ich fühle mich so allein.« Oder: »Ich hab Angst, warum hilft mir keiner ...?«

Lassen Sie Ihr inneres Kind sprechen. Wenn es mehr als ein oder zwei Sätze sagen möchte, lassen Sie es geschehen.

Treten Sie klar aus der Position des verlassenen Kindes heraus, und notieren Sie bitte, was es gesagt hat.

4. Heutiges Ich

Stimmen Sie sich nun auf sich selbst ein. Um Ihr heutiges Alter zu erreichen, mussten Sie einiges überstehen und leisten. Anders gesagt, Sie können eine Menge Dinge. Vielleicht haben Sie Kinder großgezogen. Vielleicht haben Sie so manche Krise gemeistert, zum Beispiel Trennungen überlebt, weitergemacht und sich wieder gefangen. Vielleicht leisten Sie auch viel in Ihrem Beruf und tragen Verantwortung. Sie haben eine Menge Fähigkeiten und Qualitäten. Und die werden nun gebraucht.

Gehen Sie mit dieser Stärke in die Position Ihres Heutigen Ichs, und spüren Sie Ihren Körper. Wie fühlt es sich hier an?

Schauen Sie hinüber zu dem verlassenen Kind. Tun Sie wieder so, als könnten Sie es dort wirklich sehen. Was empfinden Sie, wenn Sie es ansehen? Sieht das Kind Sie an, schaut es zu den Eltern oder nirgendwohin? Was können Sie im Blick des verlassenen Kindes erkennen? Braucht es Hilfe?

Schauen Sie auch einmal hinüber zu den Eltern. Wie wirken die auf sie? Können die Eltern dem verlassenen Kind helfen? (In der Regel können sie das nicht.)

Wenn Sie nun alles tun könnten, was Sie wollten, was würden Sie jetzt tun? Welchen Impuls spüren Sie?

Der liebevolle Dialog mit dem verlassenen Kind

Schauen Sie jetzt zu Ihrem verlassenen Kind, und fragen Sie es: »Was fehlt dir? Was brauchst du?«

Jetzt kommt ein »Switching«. Treten Sie aus der Position Ihres Heutigen Ichs heraus, gehen Sie zu dem verlassenen Kind, und treten Sie in seine Position ein. Spüren Sie Ihr verlassenes Kind. Hören Sie die Frage, die gerade von dem Heutigen Ich da drüben gestellt worden ist, und spüren Sie jetzt die Antwort in Ihrem Körper.

Da spricht plötzlich jemand mit dir, verlassenes Kind. Er (oder sie) fragt, was dir fehlt, was du jetzt brauchst. Du kannst es jetzt aussprechen. Du kannst diese Person anschauen und mit ihr reden! Sag ihr, was du jetzt am liebsten möchtest. Soll diese Person dir helfen? Wenn ja, wie? Wie genau soll sie das tun? Sag es ihr einfach, zum Beispiel: »Ich fühle mich so allein, niemand hilft mir ..., ich bin so traurig, ich möchte, dass mich jemand in den Arm nimmt ...«

Treten Sie aus dieser Position wieder klar heraus, und gehen Sie zurück in die Position Ihres Heutigen Ichs. Ihr verlassenes inneres Kind hat gerade mit Ihnen gesprochen. Es hat wahrscheinlich um Hilfe gebeten oder Sie merken lassen, dass es Hilfe braucht. Sagen Sie Ihrem verlassenen inneren Kind, was Sie dabei empfinden. Lassen Sie sich berühren, und sprechen Sie Ihre Gefühle aus:

»Ich empfinde für dich ...«, »Es tut mir so leid, dass ...«, »Es schmerzt mich unendlich ...« und so weiter.

Okay, wenn Sie so weit sind, ausgezeichnet. Denn wenn Sie sich von Ihrem verlassenen inneren Kind berühren lassen, lieben Sie. Ihrem inneren Kind werden Anteil nehmende Gefühle entgegengebracht, es ist nicht mehr allein. Das ist ein riesiger Schritt zur Heilung Ihres inneren Kindes, es ist auch ein riesiger Schritt zu Ihnen selbst und der vollen Bandbreite Ihrer Gefühle!

Je mehr Sie sich von Ihrem inneren Kind berühren lassen, desto mehr darf es sein, wie es ist. Desto mehr wird es das Gefühl haben, dass es in Ordnung ist, so zu empfinden, wie es empfindet. Wir wollen diese liebevolle Beziehung nun mit Hilfe der Zettel festigen.

Zu den Eltern werden, die das verlassene Kind braucht

Schauen Sie zu Ihren Eltern hinüber. Was ist von denen zu erwarten? Helfen die Eltern dem verlassenen Kind, geben sie dem verlassenen Kind, was es braucht? Nein, natürlich nicht. Sonst wäre das Kind nicht verlassen. Nehmen Sie die Zettel für Ihre Eltern aus dem Bild, sodass sich dort eine vakante Position ergibt:

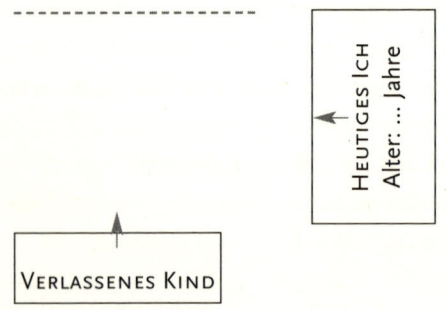

Um Ihre Eltern kümmern wir uns noch, aber jetzt ist die Zeit, Ihrem verlassenen inneren Kind die volle Aufmerksamkeit zu geben. Schauen Sie sich dieses Bild noch einmal an, und lassen Sie es auf sich wirken. Dieses Kind dort ist völlig allein. Es ist niemand da. Niemand? Doch, es ist noch jemand da: Sie!

Schauen Sie Ihr verlassenes inneres Kind an, und gehen Sie in die Kraft. Es braucht Ihre Hilfe, es braucht jetzt Ihre Kraft. Was es nicht braucht, ist Ihre Schwäche.

Schieben Sie den Zettel, Ihren Stellvertreter, auf die vakante Position, mit der Blickrichtung zum Kind:

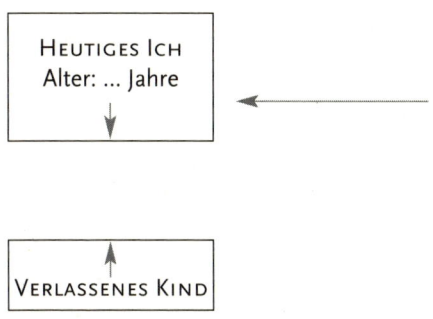

Gehen Sie zur Position des Heutigen Ichs, und treten Sie ein.
Sagen Sie: »Jetzt bin ich da! Ich nehme dich an die Hand. Ich bin jetzt für dich da!«
Wie ist es, das zu sagen?

Switchen Sie die Position. Gehen Sie in die Rolle des verlassenen Kindes, und stellen Sie sich vor, dass Sie dort

einen Erwachsenen vor sich sehen, Ihr Heutiges Ich. Hören Sie, wie dieser Erwachsene sagt: »Jetzt bin ich da! Ich
nehme dich an die Hand. Ich bin jetzt für dich da!« Wie
fühlt sich das für Ihr inneres Kind an?

Manche Menschen werden an diesem Punkt der Arbeit von
dem Gefühl ergriffen, ganz zu sein: Sie fühlen sich bei sich
selbst angekommen. Sie schildern es als ein Gefühl, als
komme man nach einer langen Suche ans Ziel oder als ge-
nese man nach einer langen Krankheit. Manche weinen,
doch sind es nicht Tränen der Schwäche, sondern heilende
Tränen – Tränen, die erlösen, Tränen der Anteilnahme und
Liebe für das innere Kind.

Jetzt ist ein guter Zeitpunkt, eine Pause zu machen und das
Geschehene sich setzen zu lassen. Sie haben sehr viel getan. Vielleicht möchten Sie aufschreiben, was in Ihnen vor-
geht.

Vielleicht konnten Sie sich auch noch nicht von der Not
Ihres verlassenen Kindes berühren lassen. Möglicherweise
musste ein Teil von Ihnen erst einmal wissen, wie diese
Übung funktioniert – ein Teil, der vielleicht Sicherheit
braucht. Wenn Sie diese Übung ein zweites Mal durchführen, kann es bereits ganz anders aussehen. Sie sollten das
vielleicht nicht sofort tun, geben Sie sich etwas Zeit, um
sich an diese Arbeit zu gewöhnen und mit ihr vertraut zu
werden. Wenn Sie nach einer Pause zu dieser Arbeit zurückkehren, werden wir die Beziehung zu Ihrem inneren
Kind stabilisieren und vertiefen.

Kurzanleitung der Erlaubnis-Imagination

1. Legen Sie die Zettel für Ihren Vater, Ihre Mutter und für Ihr Heutiges Ich aus.

2. Schieben Sie den Zettel für Ihre eigene Position zur Seite, sodass eine vakante Position entsteht.

3. Finden Sie Ihr verlassenes inneres Kind (Zeitreise).

4. Legen Sie den Zettel für Ihr verlassenes Kind auf die vakante Position.

5. Führen Sie einen Befindens-Check durch: Treten Sie kurz in die Positionen der Eltern, und spüren Sie nach, wie es Ihren Eltern geht. Sagen Sie: »Mir geht es ...«, und sprechen Sie den Satz zu Ende.

6. Stimmen Sie sich auf Ihr verlassenes inneres Kind ein, und treten Sie in seine Position. Drücken Sie aus, wie es Ihrem verlassenen inneren Kind geht.

7. Treten Sie in die Position Ihres Heutigen Ichs, und lassen Sie sich von Ihrem inneren Kind berühren.

8. Switchen Sie die Positionen zwischen Ihrem Heutigen Ich und Ihrem inneren Kind.

9. Nehmen Sie die Zettel für die Eltern heraus.

10. Schieben Sie den Zettel für Ihr Heutiges Ich auf die freie Position.

11. Sagen Sie Ihrem inneren Kind: »Ich bin jetzt da! Ich nehme dich an die Hand! Ich bin für dich da!«

12. Switchen Sie zwischen Ihrem inneren Kind und Ihrem Heutigen Ich.

13. Schreiben Sie auf, was Sie erlebt haben.

Kapitel 5

Die liebevolle Beziehung
zum inneren Kind

Nehmen Sie bitte einen neuen Zettel, und schreiben Sie darauf: inneres Kind. Zeichnen Sie einen Pfeil für die Blickrichtung ein. Legen Sie die Zettel für Ihr Heutiges Ich und Ihr inneres Kind aus:

Das verlassene Kind nennen wir nun das innere Kind, denn es ist nicht mehr verlassen, weil Sie da sind und zuhören. Das bedeutet aber nicht, dass das Kind keine Verlassenheitsgefühle mehr hätte. Im Gegenteil, Sie müssen damit rechnen, dass es Sie mit diesen Verlassenheitsgefühlen konfrontieren wird. Es wird Sie prüfen, es wird testen, ob es bei Ihnen sicher ist.

Stellen wir uns ein Kind vor, das für eine lange Zeit in ein Heim weggesperrt wurde. Wenn wir dieses Kind aus

dem Heim herausholen, wird es nicht sofort vor Liebe zer-
fließen. Es ist verunsichert, es ist misstrauisch, verschlos-
sen, vielleicht ist es auch wütend und böse.

Und wenn das Kind erfährt, dass das alles sein darf,
wenn es erfährt, dass es nicht mehr bekämpft, geschlagen
oder wieder weggesperrt wird, dann wird es sich öffnen.
Wenn es eingeladen wird, sich zu zeigen, wenn ihm sanft
zugehört wird und wenn es von uns liebevoll durch seine
Gefühle hindurchbegleitet wird, dann wird es Vertrauen ge-
winnen, und es kommen ganz andere Gefühle ans Licht:
Gefühle von Zuneigung und Wärme, Freiheit und Freude.
Auch kommen die kindlich spielerischen Qualitäten zum
Vorschein und nicht zuletzt die kindliche Weisheit, die
Weisheit der Intuition. Damit das aber geschehen kann,
muss diese Beziehung zwischen Ihnen und Ihrem inneren
Kind stabil und sicher werden.

Übung: Die liebevolle Beziehung zum inneren Kind

1. Eintritt in die Position des Heutigen Ichs

Stimmen Sie sich in der bekannten Weise auf Ihr Heutiges
Ich ein, auf die Fähigkeiten und Stärken, die Sie bis zum
heutigen Tag entwickelt haben. Treten Sie dann in die Position Ihres Heutigen Ichs ein.

Vor Ihnen steht Ihr inneres Kind, stellen Sie sich vor, Sie
könnten es dort sehen. Nehmen Sie einfach das Bild, das
kommt. Was empfinden Sie, wenn Sie Ihr inneres Kind sehen?

Begrüßen Sie es. Sprechen Sie mit Ihrem inneren Kind
aus dem Mitgefühl heraus, ganz so, wie Sie im normalen

Leben mit einem wirklichen kleinen äußeren Kind sprechen würden.

Versuchen Sie, es ganz liebevoll anzusprechen, vielleicht
möchten Sie einen Kosenamen benutzen, etwa Schätzchen
oder Liebling.

Zum Beispiel: »Hallo, mein liebes Schätzchen. Ich bin
jetzt für dich da. Ich sehe dich, und du kannst mir alles sagen. Wie geht es dir?«

Treten Sie nun aus Ihrer Position heraus, und stimmen
Sie sich auf Ihr inneres Kind ein.

2. Wechsel zum inneren Kind

Nehmen Sie folgende Gedanken mit in die Position des inneren Kindes:

Stelle dir vor, da steht jemand vor dir, der hat gerade gesagt: *Ich bin da für dich. Ich sehe dich, und du kannst mir alles
sagen. Wie geht es dir damit?*

Was empfindest du, wenn du das hörst?

Wie geht es dir mit dieser Person dort?

Was wünschst du dir?

Treten Sie nun in die Position des inneren Kindes, und
nehmen Sie sich Zeit, um zu erspüren, wie es fühlt und
was es sagen möchte.

3. Switching – hin- und herwechseln

Wechseln Sie einige Male die Positionen, sodass ein Dialog
entsteht: Sie sagen etwas aus der Position Ihres inneren
Kindes, dann treten Sie aus dieser Position heraus, trennen
sich klar von ihr, und treten in die Position Ihres Heutigen
Ichs ein. Dort lassen Sie das, was Ihr inneres Kind gesagt

hat, auf sich wirken und reagieren darauf. Reagieren heißt hier, verständnisvoll nachzuvollziehen und anzuerkennen, was das innere Kind sagt. Dann können Sie wieder switchen und als Ihr inneres Kind darauf reagieren.

4. Heraustreten und Aufschreiben

Wenn Sie die Übung beenden oder unterbrechen wollen, trennen Sie sich klar von diesen Positionen. Vielleicht setzen Sie sich einige Meter entfernt auf einen Stuhl, sodass Sie die Zettel aus einem Abstand betrachten können. Notieren Sie, was Ihr inneres Kind gefühlt und gesagt hat. Schreiben Sie bitte auch auf, wie es Ihrem Heutigen Ich ergangen ist.

Während Sie aufschreiben, sind Sie mit Ihrem Spüren bei Ihrem inneren Kind. Sie sind nicht das innere Kind, Sie sind *bei* ihm – das ist ein großer Unterschied. Vielleicht steigen weitere Gefühle auf, folgen Sie diesen dann. Schreiben Sie alles einfach auf, lassen Sie es einfach fließen. Sie üben bereits, sich selbst ein zuhörendes Gegenüber zu sein: Sie spüren zu Ihrem inneren Kind, fühlen seine Gefühle und hören gleichsam zu, indem Sie sich alles aufschreiben.

In Ihnen sind also sowohl das innere Kind präsent als auch Ihr Heutiges Ich. Sie haben Verbindung zu den Gefühlen Ihres inneren Kindes, und Sie haben dabei alle Fähigkeiten und Stärken Ihres Heutigen Ichs zur Verfügung. Das sind genau die Rahmenbedingungen, die eine liebevolle Beziehung zum inneren Kind ausmachen.

Die Abstandsposition

Vor Ihnen liegen die Zettel mit den beiden Positionen. Hier sitzen Sie und betrachten aus einem Abstand die Beziehung zwischen Ihrem Heutigen Ich und Ihrem inneren Kind. Es ist damit eine dritte Position entstanden, eine Position, die einen Abstand zu dieser Beziehung hat. In dieser Abstandsposition können wir diese Beziehung dort auf uns wirken lassen und Ideen entwickeln, wie diese Beziehung noch verbessert werden könnte. Gerade wenn Sie das Gefühl haben, es würde *nichts Wichtiges passieren* oder es würde *nicht weitergehen*, kann es sehr hilfreich sein, aus diesem Abstand heraus wahrzunehmen, was dort gerade passiert und wie es den beiden wirklich geht:

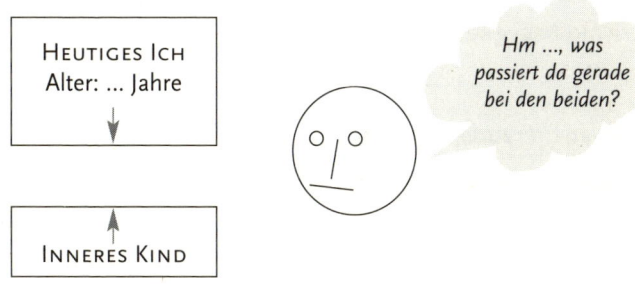

Reaktionen des inneren Kindes

Unabhängig davon, wie sich unser inneres Kind zunächst einmal uns gegenüber verhält, es hat das grundsätzliche Interesse, gehört zu werden.

Angehört zu werden heißt, heil zu werden. Und unser inneres Kind sowie jeder Teil von uns wollen heil werden – auch wenn sie uns zunächst eine Fassade aus Schutz und Abwehr präsentieren.

Im Folgenden werden wir einige Reaktionen des inneren Kindes betrachten, die unserem Heutigen Ich möglicherweise Schwierigkeiten bereiten können: Wenn uns unser inneres Kind eine Fassade zeigt, die wir nicht mögen oder die uns angreift, besteht die Gefahr, dass wir unser inneres Kind, so, wie es sich darbietet, ablehnen. Wir wollen aber stattdessen unserem inneren Kind erlauben, so zu sein, wie es gerade ist. Denn dadurch lernen wir, Seiten von uns zu erlauben, die wir bislang verboten haben oder an uns nicht wahrhaben wollten. Wir legen hier eine Spur für den liebevollen Umgang mit unserem inneren Kind und seinen unterschiedlichen Weisen, in Erscheinung zu treten. Dieser Spur werden wir auch später folgen, wenn wir die Arbeit in unseren Körper verlagern und dort unserem inneren Kind begegnen.

Friede, Freude, Eierkuchen

Nehmen wir an, wir führen diese Übung durch und erhalten von unserem inneren Kind beispielsweise die folgende Aussage: »Ja, ich bin so glücklich, dass du jetzt da bist. Ich fühle mich gut. Endlich bin ich nicht mehr allein. Ich wünsche mir, dass du den Kontakt zu mir hältst.«

Unser Heutiges Ich antwortet darauf: »Ja, das werde ich. Bis dann, ich komme bald wieder.«

Sie gehen in die Abstandsposition und sehen imaginativ Ihr inneres Kind. Wie verhält es sich gerade? Strahlen seine Augen? Drückt es Freude aus? Nein. Das Kind wirkt abwesend und resigniert. Es schützt sich, indem es uns sagt, was wir hören wollen. In Wahrheit verzweifelt es, denn es darf nicht so sein, wie es wirklich ist.

Und unser Heutiges Ich? Es schluckt die Lüge. Vielleicht hat es den uneingestandenen Vorsatz, schmerzliche Gefühle zu vermeiden. Das spürt das innere Kind. Es merkt, dass das Gegenüber, das Heutige Ich, innerlich nicht bereit ist, sich *wirklich* mit ihm zu beschäftigen, es *wirklich* anzuhören. Was wir dann wahrnehmen können, sind Störgefühle.

Störgefühle

Wenn wir Störgefühle wahrnehmen und zulassen, und das können wir am Besten aus der Abstandsposition, dann kann sich die Beziehung zu unserem inneren Kind erheblich vertiefen und intensivieren. Wenn wir unsere Störgefühle benutzen, anstatt sie zu bekämpfen, wird die Beziehung zu unserem inneren Kind authentisch. Störgefühle zeigen sich als Hintergrundgefühl: Wir können weitermachen, als ob nichts passiert wäre, aber wir merken, dass hier etwas nicht stimmt.

Wahrnehmung von Störgefühlen:

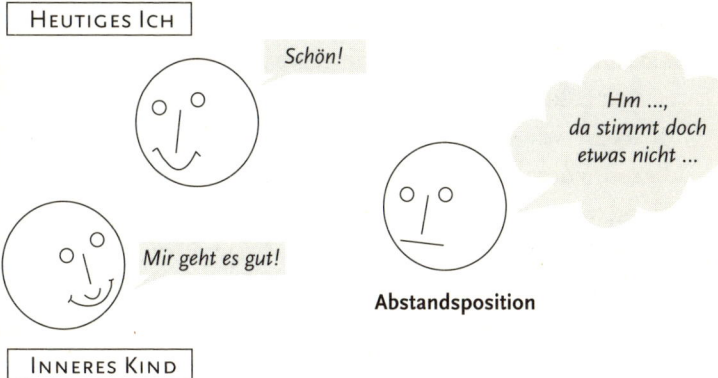

Störgefühle können benutzt werden. Wir können in diesem Beispiel in die Position unseres Heutigen Ichs gehen und sie aussprechen: »Schätzchen, du sagst, dass es dir gutgeht und dass du darüber glücklich bist, dass ich jetzt da bin. Ich habe aber das Gefühl, da ist noch etwas anderes. Kann es sein, dass es dir doch nicht so gutgeht?«

So eine Einladung ist für das innere Kind meist unwiderstehlich. Es will gehört werden, und wenn wir diese Tür öffnen und liebevoll einen Raum aufmachen, wo gewünscht ist, dass das Kind sagt, wie es ihm wirklich geht, dann wird unser inneres Kind wahrscheinlich hineingehen.

Manchmal will das innere Kind einer solchen Einladung nicht folgen. Es sagt: »Nein, wirklich, alles gut, ich bin so glücklich!« Wir bleiben dann bei unserem Störgefühl. Wahrscheinlich glaubt uns unser inneres Kind nicht. Es traut uns nicht über den Weg. Das ist ganz natürlich, denn es braucht Zeit, Vertrauen aufzubauen. Denken Sie bitte einmal an das Heimkind. Sie holen es aus dem Heim, bringen es nach Hause, und es wirkt vielleicht ganz brav und angepasst. Es muss sich an die neue Situation gewöhnen. Wenn Sie es behutsam begleiten, Ihrem inneren Kind den Raum und die Zeit geben, die gebraucht werden, dann wird es sich bald trauen, sich wirklich zu zeigen.

Wenn wir unsere Störgefühle aussprechen, kann das diesen Vorgang allerdings ganz erheblich beschleunigen. Wenn wir aussprechen, was wir wirklich empfinden, entsteht naturgemäß Vertrauen: Das Gegenüber, hier unser inneres Kind, fühlt sich ebenso dazu eingeladen, seine wirklichen Gefühle auszusprechen.

So könnten wir in diesem Beispiel unser Störgefühl erneut aussprechen: »Schätzchen, kann es sein, dass du mir nicht glaubst? Dass du mir nicht vertraust?«

Wiederum einen neuen Raum aufzumachen, wiederum das Kind einzuladen, seine Wahrheit ans Licht kommen zu lassen, kann dazu führen, dass es aus unserem inneren Kind herausbricht: »Ja, stimmt! Ich glaube dir kein Wort. Ich traue dir nicht. Du wirst mir nur wehtun!«

Jetzt wird es intensiv, jetzt entsteht Energie – es wird *frisch*! Das ist ein Anzeichen für die wirklichen Gefühle unseres inneren Kindes, die Beziehung wird echt.

Wenn unser inneres Kind echt wird

Wenn wir mit den wirklichen Gefühlen unseres inneren Kindes in Kontakt kommen, so kann das eine spektakuläre Erfahrung sein. Diese Gefühle können von erschütternder Kraft sein, und sie können uns durch ihre Stärke Ehrfurcht einflößen. Diese echten Gefühle unseres inneren Kindes sind, wie erwähnt, immer frisch. Das ist ein wesentliches Merkmal bei der Arbeit mit dem inneren Kind. Wenn es sich zeigt und wir wirklichen Kontakt zu seinen Gefühlen bekommen, dann durchfegen sie uns wie ein erlösendes Gewitter. Häufig wundern wir uns auch: »Was? So stark empfinde ich?«

Tatsächlich erhalten wir einen Geschmack von der Stärke, die in uns frei werden will. Wir bekommen Appetit auf das ganze, auf das volle Leben. Und wir fragen uns vielleicht: »Wie konnte ich die ganze Zeit nur so gedämpft herumlaufen? Kein Wunder, dass ich immer so deprimiert war!«

Wenn unser inneres Kind einen solchen mutigen Schritt geht und uns sagt, dass es uns nicht über den Weg traut, dann können wir es bestätigen und ermutigen, sich weiter zu öffnen. Das tun wir, wenn wir zuhören und anerkennen, wie es unserem inneren Kind geht. Das kann zunächst schwierig sein, denn wir sind in unseren alltäglichen Begegnungen darauf gepolt, uns gegen Kritik zu wehren und uns zu rechtfertigen.

Benutzen wir unser oben stehendes Beispiel. Unser inneres Kind sagt uns: »Ja, stimmt! Ich glaube dir kein Wort. Ich traue dir nicht. Du wirst mir nur wehtun!«

Und wir antworten, wie wir es gewohnt sind: »Nein, nein. Das stimmt nicht. Du kannst mir sehr wohl vertrauen. Ich verspreche dir, ich werde dir nicht wehtun!«

Mit einer solchen Reaktion weisen wir unser inneres Kind zurück. Wir signalisieren, dass wir seine Gefühle nicht zur Kenntnis nehmen wollen, mehr noch, dass seine Gefühle nicht in Ordnung sind. Wir reden gegen seine Angst an. Wenn wir dann zusätzlich argumentieren, stören wir die noch fragile Beziehung zu unserem inneren Kind. Genauso verunsichern wir es, wenn wir uns rechtfertigen. Wir weisen damit die Gefühle unseres inneren Kindes zurück und riskieren seinen Rückzug.

Daher müssen wir üben, unserem inneren Kind in einer anerkennenden, ermutigenden Weise zu begegnen. Dabei kann uns die folgende Wortformel helfen.

Die Wie-Wortformel

Wir bestärken unser inneres Kind, wenn wir seine Aussage wiederholen und bestätigen, dass sie bei uns angekommen ist, etwa: »Ich höre ...«, oder: »Ich spüre ...«, dann wiederholen wir die Aussage unseres inneren Kindes und fügen dabei ein »Wie« oder, wenn es passt, ein »Wie sehr« ein.

Unser inneres Kind sagt beispielsweise: »Ja, stimmt! Ich glaube dir kein Wort. Ich traue dir nicht. Du wirst mir nur wehtun!«

Unser Heutiges Ich antwortet: »Oh, ja. *Ich höre, wie sehr du mir nicht traust. Und ich spüre, wie sehr du Angst hast, ich würde dir wehtun!*«

Diese Aussage bestätigt unser inneres Kind in seiner Wahrnehmung. Wir signalisieren, dass es völlig okay ist, so zu empfinden. Das ist für unser inneres Kind geradezu erlösend: Es wird gehört, es wird anerkannt.

Die Beziehung zu unserem inneren Kind wird jetzt noch tragfähiger. Unser inneres Kind wird sich ermutigt fühlen, uns noch mehr zu zeigen.

Unbändige Wut

Eines der vitalsten Gefühle, die uns in der Arbeit mit unserem inneren Kind begegnen können, ist Wut. Eine Wut, die gespeist ist aus den ungeheilten, tiefen Verletzungen, aus der langen Zeit der Verlassenheit und aus der Frustration, nicht angehört zu werden. Aber Achtung: Wenn unser inneres Kind bereit ist, uns seine Wut zu zeigen, wird sie sich gegen uns richten.

Unser wütendes inneres Kind wird uns vielleicht mit

vernichtenden Anklagen überschütten oder sogar Rache und Mord androhen. Dabei bedient sich unser inneres Kind in der Regel keiner kultivierten Umgangssprache. Ganz im Gegenteil: Wenn das Vertrauensverhältnis bereits tief ist, wird es uns mit einer drastischen Sprache beschimpfen, einer Sprache, die nichts mehr beschönigt.

Vielleicht schockiert es Sie, wenn Ihr inneres Kind so spricht. Gleichzeitig mag es Sie faszinieren, wie unzensiert Ihr inneres Kind zu Werke gehen kann. Lassen Sie in jedem Fall Ihr inneres Kind gewähren.

Wenn so ein Ausbruch abklingt, dann können Sie wieder die Gefühlswelt Ihres inneren Kindes bestätigen: *»Ja, ich höre, du bist sehr, sehr wütend. Ich spüre, wie wütend du bist!«*

Wenn das wütende innere Kind seine pure Wut ausdrücken darf und vollständig angehört wird, dann ist unsere Beziehung sicher geworden. So sicher, dass für unser inneres Kind der Weg geebnet ist, uns das Gefühl zu zeigen, das unter der Wut liegt.

Tiefster Schmerz

Unter der Wut liegt tiefster Schmerz. Je heftiger die Wut sich äußert, desto schmerzhafter ist die Wunde, die darunterliegt.

Wenn wir mit dem Schmerz unseres traumatisierten inneren Kindes in Kontakt treten, dann kann dies von Bildern begleitet sein, ganzen Erinnerungssequenzen, von denen wir glaubten, wir hätten sie vergessen. Jetzt sind diese Erinnerungen wieder Gegenwart, sodass wir in der Position des inneren Kindes die volle Wucht des Schmerzes spüren. Meist nähert sich dieser Schmerz in Wellen: Wir spüren hin, erinnern die so schmerzvollen Umstände, und für einen Moment kann es sein, dass wir eine Qualität von Schmerz fühlen, die sich jenseits von Worten befindet. Sie kann nur erfühlt werden, sie kann nur im Körper gespürt werden, aber sie kann nicht erfasst werden. Sie entzieht sich unserem Zugriff, sie ist größer als wir selbst. Alles, was wir machen können, ist, ihr zu erlauben, in unserem Körper zu sein. Dieser Schmerz bringt uns mit etwas in Kontakt, das alle unsere üblichen Konflikte banal erscheinen lässt. Das geschieht meist ganz kurz, wir wissen: »Ah, ja, das ist es! Darum habe ich all die Jahre dieses und jenes getan, weil dieses Gefühl dahintersteht. Ja, kein Wunder!«

Wir fühlen, dass wir an der Wurzel unserer Existenz angelangt sind. Wir halten den Schlüssel in der Hand, uns mit allen Eigenschaften auszusöhnen, die wir nie an uns mochten, mit allen Irrwegen, die wir je eingeschlagen haben und noch einschlagen werden. Es ist angesichts dieser Dimension völlig klar, völlig verständlich, dass wir so sind, wie wir sind, dass wir die Fehler begehen, die wir begehen. Diese Aussöhnung am Grund unseres Selbst wird uns geschenkt, wir können sie nicht erzwingen, und wir können sie nicht festhalten. Noch während sie uns überschwemmt, ebbt sie schon wieder ab.

Wenn wir in der Position unseres inneren Kindes seinen Schmerz angespürt haben, switchen wir ins Heutige Ich und bestätigen liebevoll die Gefühlswelt unseres inneren Kindes. Wir sagen zum Beispiel: »Ja, es ist okay. Ich spüre, wie sehr es dich schmerzt. Und ich höre, wie es zu viel ist für dich. Ich bin da, und ich nehme dich an die Hand, es darf sein, dass du so fühlst!«

Auf diese Weise ermutigen wir unser traumatisiertes inneres Kind, durch seinen Schmerz hindurchzugehen und uns alles zu zeigen und zu erzählen. Während wir es liebevoll begleiten, erfährt es die Erlaubnis, dass das Schreckliche gefühlt und ausgedrückt werden darf. Das heilt unser inneres Kind, das heilt das Trauma.

Heilung des Traumas

Ein Trauma entsteht, wenn das Kind etwas Schreckliches erlebt und damit allein bleibt, zum Beispiel der frühe Verlust der Eltern. Das Kind erfährt dieses Erlebnis wie eine Vernichtung, etwas stirbt im Kind. Die zum Leben hinstrebende Energie trifft auf einen Widerstand, der nicht zu überwinden ist. Das ist ein schwieriger, extrem leidvoller Prozess, aber es ist noch kein Trauma. Das Trauma – die unbewusste Fixierung auf dieses Erlebnis und die dadurch ausgelösten Gefühle – entsteht nicht durch das Erlebnis selbst, sondern dadurch, dass wir mit diesem Erlebnis allein gelassen werden.

Wenn jemand da ist, der zuhört und mitempfindet, kann das Kind durch diesen schwierigen Prozess hindurchgehen und daran wachsen. Das Trauma entsteht dagegen, wenn niemand zuhört, wenn niemand da ist, der sagt: »Ja, genau: Du hast Schmerzen, und es ist, als ob es zu wehtut, um weiterleben zu können. Dass du das jetzt empfindest, darf sein! Ich bin da, ich höre dir zu, und ich nehme dich an die Hand!«

Wenn dies nicht geschieht, wird ein Ereignis also traumatisch: Das Kind ist allein mit diesen Gefühlen und kann mit ihnen nicht umgehen. Was soll das Kind also tun? Es tut so, als seien diese Gefühle gar nicht da. Es tut so, als könne dieses Erlebnis gar nicht sein. Und fortan spaltet es die Gefühle, die mit diesem Erlebnis zusammenhängen, von sich ab: Es ist etwas, was *nicht sein darf.* Es sind jetzt verbotene Gefühle, sie gehören nicht mehr zur menschlichen Existenz dazu. Um dieses Verbot herum wird nun ein Abwehrwall aufgebaut, der das heranwachsende Kind nicht nur vor dem Erleben der verbotenen Gefühle schützen soll, er soll auch den Vorgang des Verbietens selbst verdecken.

Wenn wir einen solchen traumatischen Prozess durchlaufen, und die meisten Menschen tun das in einer mehr oder minder schweren Form, dann erkennen wir nicht mehr, was es eigentlich ist, das nicht sein darf. Wir wissen, dass irgendetwas nicht stimmt, aber wir kommen da nicht mehr heran, und wir gewöhnen uns daran. Wir wissen nicht mehr, wovor wir solche Angst haben, und bald wissen wir nicht mehr, dass wir überhaupt Angst haben. Und von diesem Zeitpunkt an beherrscht das Trauma unser Leben.

Wenn wir in dieser Arbeit mit unserem traumatisierten inneren Kind in Kontakt kommen, tun wir genau das, was gefehlt hat: Wir tragen gemeinsam mit unserem inneren Kind die Gefühle, die damals zu viel waren. Und wir tun es, als seien die Umstände von damals wieder ganz Gegenwart. Wir unterstützen unser inneres Kind, diese Gefühle zum Ziel zu bringen. Sie kommen zum Ziel, wenn sie im Körper erlaubt und gefühlt werden dürfen. Dann löst sich der Griff, den das Trauma auf uns hat.

Scheingefechte erledigen sich

Während wir unser inneres Kind durch diese Schwere hindurch begleiten, kann es sein, dass sich so nebenbei verschiedene Dauerkonflikte unseres derzeitigen Lebens erledigen. Vielleicht wird uns plötzlich klar, dass wir in verschiedenen Lebensbereichen Scheingefechte führen. Konflikte, mit denen wir kämpfen und in die jede Menge Lebensenergie fließt, ohne dass sich je eine Lösung abzeichnet. Plötzlich wird uns klar, dass diese scheinbar unlösbaren Konflikte nur unterhalten wurden, um uns von der schmerzhaften Wunde abzulenken.

Jetzt – wo diese Wunde sein darf – ist das Gefecht überflüssig geworden, und dem vormals unlösbaren Konflikt ist jede Kraft entzogen. Mangels Energie löst er sich auf.

Nehmen wir als ein Bespiel für einen solchen Scheinkonflikt einmal an, wir glaubten, dass wir jede Woche zum Training in ein Fitness-Studio gehen müssten, um kein Gramm Fett zu viel auf dem Körper zu haben. Gleichzeitig fühlen wir uns aber unter Druck gesetzt und gezwungen, dorthin zu gehen. Nun bricht jede Woche ein Konflikt in uns aus und quält uns: Egal, was wir tun, ob wir hingehen oder nicht, immer fühlt es sich falsch an. Das Ganze verbraucht ordentlich Energie, aber eine Lösung dafür gibt es nicht – bis uns plötzlich in der Arbeit mit unserem inneren Kind seine schmerzhafte Einsamkeit bewusst wird. Wir bemerken, dass wir uns so zwanghaft verhalten, um uns nicht mit seiner Einsamkeit auseinandersetzen zu müssen.

Aber wenn wir uns jetzt der Einsamkeit unseres inneren Kindes zuwenden, dann kann die im Konflikt gebundene Energie frei werden – die Zwänge fallen weg, und es entlarvt sich auch der Irrtum, ein perfekt durchgestylter Körper brächte uns die Nähe, nach der wir uns wirklich sehnen.

Stattdessen gewinnen wir unsere Freiheit zurück – die Freiheit, in der Gegenwart ganz da zu sein. Wir können wieder dem nachspüren, was gerade Spaß bringt. Wir können wieder unserem Gespür, unserem Bauch folgen. Wir können unser inneres Kind spielen lassen – das Spiel des nächsten Augenblicks.

Kehren wir zu unserer Übung zurück und betrachten eine weitere Herausforderung, die in der Beziehung zu unserem inneren Kind auftreten kann.

Zwei Kinder

Wenn wir in der Position des Heutigen Ichs bemerken, dass uns die Gefühle unseres inneren Kindes zu viel sind, wenn wir uns überfordert fühlen, dann können wir unserem inneren Kind nicht helfen. Wir können unserem inneren Kind nicht die Eltern sein, die es sich wünscht, denn wir sind mit uns selbst zu sehr beschäftigt.

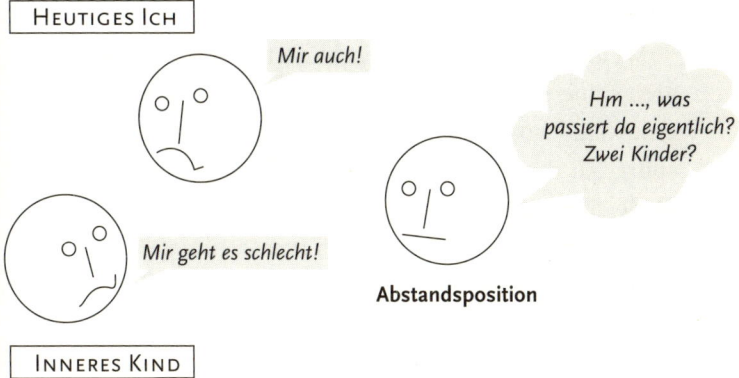

Vielleicht jammert unser Heutiges Ich sogar, vielleicht zerfließt es in Selbstmitleid. Zunächst ist es nun wichtig, die Beziehung aus der Abstandsposition zu betrachten. Was macht diese Beziehung dort für einen Eindruck auf uns? Es ist keine Kraft im Spiel, es wirkt, als wären dort zwei Kinder – beide hilflos. Das ist richtig: Unser Heutiges Ich ist gerade nicht erwachsen. Das kann passieren, sowohl am Beginn dieser Arbeit als auch immer mal wieder zwischendurch. Es ist kein Drama, es bedarf lediglich einer Klärung der Positionen. Außerdem ist es eine Möglichkeit, die Beziehung zu unserem inneren Kind weiter zu vertiefen.

Gehen Sie zunächst in die Position Ihres Heutigen Ichs, und sprechen Sie aus, was Sie empfinden, zum Beispiel: »Ich weiß nicht, was ich machen soll.« Oder: »Ich kann dir da auch nicht helfen.« Oder: »Mir geht es selbst schlecht!«

Fassen Sie Ihr Befinden in einem Satz zusammen, der mit: »Ich fühle mich ...«, beginnt, und sprechen Sie ihn zu Ende, indem Sie Ihre Gefühlsqualität erfassen. »Schlecht!« wäre hier zu ungenau, fragen Sie sich dann: Wie genau fühle ich mich schlecht? Hilflos, ängstlich, ohnmächtig, überfordert?

Wenn Sie Ihr Gefühl identifiziert haben, beispielsweise: »Ich fühle mich überfordert!«, dann nehmen Sie bitte einmal wahr, wo Sie das Gefühl im Körper spüren: »Aha, da spüre ich es am ehesten.« Legen Sie eine Hand auf diese Stelle. Sie können dieses Gefühl nun mitnehmen, wenn Sie aus der Position des Heutigen Ichs heraustreten und in Ihr inneres Kind switchen.

Denn hier gehört das Gefühl hin, zu Ihrem inneren Kind. Sagen Sie nun aus der Position Ihres inneren Kindes:

»Ich bin so überfordert. Es ist zu viel.« Lassen Sie das zu. Drücken Sie im Körper auf dieser Position aus, wie es zu viel ist, wie es sich anfühlt, wenn es zu viel ist.

Vielleicht steigen auch andere Gefühle auf. Die dürfen sein, lassen Sie es zu, sprechen Sie es aus. Dann treten Sie aus der Position Ihres inneren Kindes heraus und trennen sich klar von seinen Gefühlen. Nun treten Sie in die Position Ihres Heutigen Ichs und bestätigen die Gefühlswelt Ihres inneren Kindes und erkennen sie an: »Ja, ich höre, du bist überfordert. Ich spüre, wie überfordert du bist, ich spüre, wie sehr es zu viel ist. Ja, es darf sein. Du kannst mir alles sagen, ich bin da.«

Die Beziehung zwischen Ihnen und Ihrem inneren Kind ist wieder tiefer geworden.

Die Spur ist gelegt

Alle Gefühle und Wahrnehmungen, die uns, unser Heutiges Ich, beeinträchtigen, sind Impulse unseres inneren Kindes, die zum Ziel kommen wollen. Das Ziel ist, dass sie gehört werden und sein dürfen – ohne dass sie uns, unser Heutiges Ich, schwächen. Mit der klaren Trennung in die zwei Positionen, das innere Kind und das erwachsene Heutige Ich, wird das möglich. Auch tragen nun die Gefühle, die wir zunächst für negativ hielten, zu unserer seelischen Weite bei.

Sobald unsere Gefühle anerkannt werden und sein dürfen, wachsen wir.

Mit dem Ende des ersten Teils dieses Buches sind nun die Grundlagen für eine liebevolle Beziehung zu unserem inneren Kind und damit zu uns selbst gelegt. Wir haben unser verlassenes inneres Kind gefunden und uns berühren lassen von seiner Einsamkeit. Wir haben den entscheidenden Schritt getan, an die Stelle der Eltern zu treten, und setzen nun alle unsere Fähigkeiten ein, unserem inneren Kind die Eltern zu sein, die es so dringend braucht. Wir laden unser inneres Kind ein, seine Gefühle wahrzunehmen und auszudrücken, und wir begleiten unser inneres Kind liebevoll durch sein Erleben.

Vielleicht haben Sie in diesem ersten Teil bereits erfahren, wie wundervoll es ist, sich Ihrem inneren Kind zuzuwenden und für es da zu sein. Wenn Sie vor Ihrem inneren Kind stehen oder wenn Sie zu ihm nach innen sprechen: »Ich bin da! Jetzt bin ich da!«, dann spüren Sie vielleicht, dass alles, was Sie brauchen, tatsächlich in Ihnen ist. Dass Sie komplett sind, dass Sie ganz sind.

Vielleicht steht Ihnen diese Erfahrung auch noch bevor, wenn sie die Übungen des 1. Teils wiederholen. Vielleicht merken Sie: Hm, hier gibt es noch etwas, das ich noch einmal tun möchte. Da ist noch etwas, was ich tiefer erfahren möchte.

Oder Sie machen diese Erfahrung im folgenden 2. Teil, wenn wir die Beziehung zu Ihrem inneren Kind intensivieren. Egal, wie Sie vorgehen, wichtig ist, dass Sie im Kontakt mit Ihrem inneren Kind bleiben.

Unser inneres Kind kommt zu uns, wann es will, es öffnet sich, wenn es sich sicher fühlt und bereit ist. Wir können dafür die nötigen Rahmenbedingungen schaffen und die Liebe zu unserem inneren Kind fließen lassen. Und wenn wir bei unserem inneren Kind bleiben, *ohne es ändern zu wollen*, wenn wir da sind, *ohne zu wollen, dass es etwas tut* – wenn wir es in dieser erlaubenden, anerkennenden Weise bejahen, dann entsteht Vertrauen. Dann beginnt unser inneres Kind sich sicher zu fühlen. Und gleichzeitig spüren wir eine ganz tiefe Verbindung zu uns selbst. Wir spüren etwas von unserer Einzigartigkeit, etwas von einer nie da gewesenen Fülle, einem Reichtum, der sich nicht durch Anstrengung, nicht durch Druck, nicht durch schweres Arbeiten und Wollen erlangen lässt. Es ist ein Reichtum, der sich durch Erlauben eröffnet, durch ein radikales Anerkennen dessen, was gerade ist.

Das Vertrauen unseres inneren Kindes zu uns wächst auch, wenn wir es einladen, uns spüren zu lassen, wie es sich mit den Belangen unseres heutigen Lebens fühlt. Wie geht es dir mit unserer Arbeit? Mit unserer Beziehung? Wie geht es dir damit, ein neues Auto zu kaufen?

Was uns unterschwellig bedrückt oder was uns lästig erscheint, alles das, was wir einfach nur hinter uns bringen wollen, offenbart sein lebenspendendes Potenzial, wenn wir uns unserem inneren Kind zuwenden und entdecken, wie es empfindet.

Teil 2

Der Weg mit dem inneren Kind – Angewandte Erlaubnis-Imagination

Kapitel 6

Was das innere Kind will und was nicht

Wenn wir vor großen Lebensentscheidungen stehen oder uns vor scheinbar nicht zu bewältigende Probleme gestellt sehen, etwa eine Krankheit oder eine schmerzliche Trennung, dann vermischen sich die beiden Positionen, inneres Kind und Heutiges Ich, sehr schnell: Wir werden zu einem hilflosen Kind, weil wir uns nicht mehr in unseren Gefühlen begleiten können. Stattdessen sind wir von unseren Gefühlen überwältigt, wir sind ganz von ihnen in Besitz genommen. Wir fühlen uns ausgeliefert und ohnmächtig, und gleichzeitig kämpfen wir gegen diese Gefühle an. So stecken wir in einem Konflikt fest.

Oder wir treffen die falschen Entscheidungen, weil wir nicht wahrhaben wollen, dass ein Kampf in uns tobt. Wir wollen klar sein, wir wollen anderen als stark erscheinen. Sind wir es wirklich? Das lässt sich leicht herausfinden: Wenn Druck im Spiel ist, sind wir es nicht! Wir sind mit einer Seite von uns identifiziert und bekämpfen eine andere Seite von uns. Das funktioniert in der Regel nur vorübergehend, denn bald kommt die unterdrückte Seite wieder hervor. Es kann auch sein, dass die im Konflikt stehenden Anteile in unterschiedlichen Lebensbereichen dominieren: im Geschäftsleben die knallharte Seite, im Privatleben das launische Kind.

Anders gesagt, immer wenn wir unter Druck stehen, lodert ein Konflikt in uns, den wir nicht anerkennen. Ist das aber nicht häufig der Fall? Ja, wir befinden uns dauernd in Konflikten, und wir fühlen uns deshalb so unfrei, weil wir ständig versuchen, es nicht zu sein. Wenn wir anerkennen, dass ein Konflikt in uns ist, entspannt uns dies hingegen sofort. Wenn Konflikte in uns sein dürfen, wenn es erlaubt ist, dass ständig Anteile von uns gegeneinander kämpfen, entspannen wir uns nicht nur, wir können uns selbst auch wesentlich genauer wahrnehmen. Eine Menge Energie lässt sich sparen, wenn wir, bevor wir eine Entscheidung treffen, unsere leiseren Anteile anhören und anerkennen. So können wir eine unserem Wesen gemäße Entscheidung treffen, anstatt mit Druck und Gewalt vorzugehen und erst später, wenn alles in Trümmern liegt, zu merken, dass da noch etwas anderes in uns ist, was das alles nicht wollte.

Müssen wir uns von Stärke und Klarheit verabschieden, wenn wir uns unserem inneren Kind öffnen? Nein, keineswegs. Stärke und Klarheit entstehen ganz von selbst, wenn wir *mit* unseren Konflikten sind, anstatt *in* ihnen zu sein. Wir werden dadurch, dass wir den verschiedenen Stimmen in uns Raum geben und ihnen zuhören, nicht kraftlos oder gar handlungsunfähig. Im Gegenteil, wir gewinnen an Kraft, indem wir ganz da sind und andere mit unserer Ganzheit konfrontieren. Wir werden echt.

Die folgende Übung ist eine große Hilfe, die verschiedenen Stimmen in uns zu Wort kommen zu lassen. Sie ist eine Variation der Übung, die wir bereits kennengelernt haben: Wir haben wieder die beiden Positionen des inneren Kindes und des Heutigen Ichs, fügen aber noch eine dritte Position hinzu, die Position eines Themas.

Übung: Erlaubnis-Imagination zu einem Thema

Schritt 1: Auslegen der Grundpositionen

Nehmen Sie die Zettel für Ihr inneres Kind und für Ihr Heutiges Ich, und legen Sie sie aus:

Schritt 2: Thema hinzulegen

Nehmen Sie einen neuen Zettel, und schreiben Sie ein oder mehrere Wörter darauf, die das Thema erfassen, das Sie sich genauer anschauen möchten. Sie sollten sich dafür etwas Zeit nehmen: Spüren Sie nach, worum es genau geht, und machen Sie das Thema mit ein, zwei Schlagwörtern *griffig*, zum Beispiel: Job – Chef, oder: Beziehung zu ...

Wenn es um eine Krankheit geht, möchte ich Sie bitten, dieses Thema noch nicht anzugehen. Wir werden uns mit dem Thema Krankheit noch in einem gesonderten Kapitel befassen. Ansonsten kommen alle Themen in Betracht, große Lebensthemen wie auch kleine Ärgernisse. Nehmen Sie ein Thema, das Sie gerade bewegt und das Spannung erzeugt, wenn Sie daran denken.

Zeichnen Sie einen Pfeil für die Blickrichtung des Themas ein, und stellen Sie es den beiden ausgelegten Positionen gegenüber:

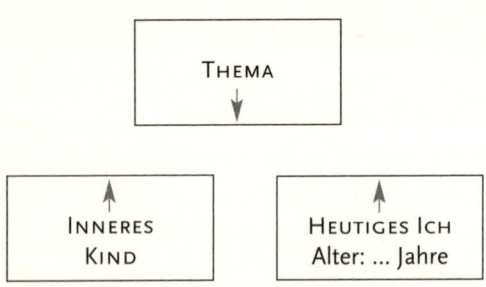

Schritt 3: Eintreten ins Heutige Ich

Stimmen Sie sich auf Ihr Heutiges Ich ein. Sie kennen das schon: Denken Sie an die Fähigkeiten, die Sie haben, denken Sie an die Herausforderungen, die Sie gemeistert haben. Dann treten Sie bitte auf den Zettel Ihres Heutigen Ichs.

Spüren Sie sich hier ein, nehmen Sie Ihren Körper wahr. Wie fühlt es sich an, wenn Sie zum Thema schauen?

Da Sie hier in der Position Ihres Heutigen Ichs stehen, werden sie vermutlich vernunftbezogene Aussagen zum Thema machen. Und das ist es genau, worum es in dieser Position geht: die rationale Betrachtung des Themas.

Zum Beispiel: »Ich brauche diesen Job. Er gibt mir Sicherheit. Es wäre gefährlich, ihn aufzugeben. Sicher, es macht manchmal keinen Spaß, aber immerhin verdiene ich eine Menge Geld ...«

Treten Sie nun wieder aus dieser Position heraus.

Wenn Sie Gefühle wahrnehmen, die eine rationale Betrachtung verhindern oder entkräften, wenn Sie sich zum Beispiel frustriert und hoffnungslos fühlen, Angst bekommen oder wütend werden, dann sind das Gefühle, die Sie zu Ihrem inneren Kind mitnehmen können. Denn dort gehören sie hin.

Spüren Sie also bitte im Körper genau nach, wo Sie dieses Gefühl am stärksten empfinden, und legen Sie eine Hand auf diese Stelle. Lassen Sie die Hand dort, wenn Sie nun die Position switchen und aus der Position des Heutigen Ichs heraustreten. Bevor Sie in die Position des inneren Kindes eintreten, stimmen Sie sich bitte wieder ein: Stellen Sie sich vor, Sie seien ein Kind von vier oder fünf Jahren.

Schritt 4: Eintreten ins innere Kind

Nehmen Sie sich Zeit zu spüren, wie es Ihnen in der Position des inneren Kindes geht. Wenn Ihr inneres Kind zu dem Thema schaut, wie fühlt es sich? Hier ist die Position für Gefühle. Sie können in dieser Position hemmungslos ausdrücken, was Ihr inneres Kind bei diesem Thema empfindet.

Möglicherweise spricht Ihr inneres Kind Klartext, es sagt vielleicht: »Ich hasse diesen Job. Ich will da nicht mehr hin, nie mehr!« Vielleicht bekommt es einen Wutausbruch, vielleicht jammert es, oder es wird traurig.

Schauen Sie nun aus der Position Ihres inneren Kindes einmal zu Ihrem Heutigen Ich hinüber. Stellen Sie sich vor, Ihr Heutiges Ich steht dort, ganz leibhaftig, und erinnern Sie, was Sie zuvor in der dortigen Position zum Thema geäußert haben. Nun können Sie als Ihr inneres Kind darauf reagieren: *Wie geht es dir mit diesem Erwachsenen und mit dem, was er gesagt hat?*

Vielleicht reagiert unser inneres Kind zurückhaltend und sagt: »Hm, nicht gut. Er übergeht mich, er hört mir gar nicht zu.« Oder es nimmt auch hier die Gelegenheit wahr, seine Gefühle unzensiert zu äußern: »Du bist schuld. Du quälst mich!« Es kann passieren, dass unser inneres Kind eine Tirade von Beschimpfungen auf unser Heutiges Ich einprasseln lässt. Vielleicht bricht es auch in Tränen aus und zeigt uns seine Verzweiflung.

Schritt 5: Bestätigen des inneren Kindes

Switchen Sie die Position, und bestätigen Sie die Gefühle Ihres inneren Kindes. Was immer Ihr inneres Kind Ihnen sagt, erkennen Sie es an.

Hier ist es wichtig, dass wir der Versuchung widerstehen, uns vor unserem inneren Kind zu rechtfertigen und etwas erklären zu wollen: »Ja, ja, aber bedenke, wie gefährlich es wäre, den Job aufzugeben.« In diesem Satz ist das Wort »aber« enthalten, das anzeigt, dass wir gegen die Gefühle unseres inneren Kindes arbeiten. Stattdessen ist es hier unsere Aufgabe, die Empfindungen unseres inneren Kindes, so, wie sie sind, zu bestätigen. Hilfreich sind Formulierungen wie: »Ich höre und spüre, wie

- wütend es dich macht.
- wie sehr du darunter leidest, dass ...
- wie traurig es dich macht ...«

Bedenken Sie bitte auch, dass es nicht darum geht, unserem inneren Kind ohne Sinn und Verstand zu folgen, etwa:

»Ah, ich verstehe, ja, es geht dir schlecht mit dem Job, ja, ich gebe ihn sofort auf, denn deine Gefühle sind mir das Wichtigste auf der Welt.«

Wenn wir so handeln, identifizieren wir uns ganz mit unserem inneren Kind und lassen unser erwachsenes Heutiges Ich beiseite. Darum geht es in der Beziehung zu unserem inneren Kind jedoch ganz und gar nicht. Denn wir würden aufhören, unserem inneren Kind das zu sein, was es braucht: ein starkes, führendes Gegenüber.

Unserem inneren Kind zuzuhören und ihm zu erlauben, so zu sein, wie es ist, bedeutet keinesfalls, willenlos zu tun, was es möchte. Das sind zwei ganz verschiedene Dinge: das Zuhören und Anerkennen auf der einen Seite – das erwachsene Abwägen und Handeln auf der anderen Seite.

Wenn wir allerdings die Gefühle und Bedürfnisse unseres inneren Kindes wahrnehmen, verändert uns das. Möglicherweise nehmen wir wahr, worum es eigentlich bei dem Problem geht: Wenn wir zum Beispiel mit dem Thema Eifersucht in der Partnerschaft arbeiten und dabei entdecken, dass es eigentlich um die Angst unseres inneren Kindes geht, allein zu sein.

Eine weitere Versuchung, der wir in dieser Phase der Arbeit erliegen können, wäre, mit unserem inneren Kind die Lösung des Problems zu diskutieren: »Hey, wie wäre es, wenn ich ... tue, wie würde es dir damit gehen?«

Es gibt verschiedene Methoden, die solche Verhandlungen mit inneren Anteilen oder gar dem inneren Kind für sinnvoll halten. In dieser Arbeit mit der Erlaubnis-Imagination möchte ich Sie einladen, das nicht zu tun. Verhandeln

Sie mit Erwachsenen, diskutieren und argumentieren Sie mit Ihren Freunden, aber nicht mit Ihrem inneren Kind. In der Erlaubnis-Imagination wollen wir uns unserem inneren Kind nicht mit den Mitteln des Verstandes nähern, sondern mit einem alles erlaubenden Mitgefühl. Wir wollen unser inneres Kind pur erleben, unzensiert, und wir wollen sein eigentliches Bedürfnis erspüren. Denn wenn wir uns von unserem inneren Kind berühren und von seinem Schmerz treffen lassen, dann verändert uns das nicht nur auf der Ebene des Verhaltens, es verändert uns in der Tiefe unserer Persönlichkeit. Wir lösen keine Probleme, sondern wir verstehen sie neu. Daraus erwachsen Handlungen, die kreativ sind und uns selbst überraschen. Gleichzeitig sind sie für uns sicher: Wir fühlen, dass es richtig ist, so zu handeln.

Schritt 6: Was das innere Kind nicht fühlen will

Fragen Sie Ihr inneres Kind, was es *nicht will*.

»Schätzchen (oder wie Sie Ihr inneres Kind nennen), was möchtest du bei diesem Thema nicht erleben? Was willst du nicht durchmachen müssen?«

Switchen Sie in Ihr inneres Kind, und spüren Sie, was es nicht will.

Wenn wir unser Beispiel – die Frage, ob die Arbeitsstelle aufgegeben werden sollte – nehmen, kann unser inneres Kind also sagen: »Ich will da nicht mehr hin!«

Das ist ein guter Anfang. Wir wollen jedoch herausfinden, welches Gefühl dahintersteht – welches Gefühl es *im Körper* nicht erleben möchte.

Wir switchen in unser Heutiges Ich und bestätigen: »Ah, ja, du willst da nicht mehr hin.«

Und um das dahinterstehende Gefühl herauszufinden, fragen wir: »Wenn wir da aber doch weiter hingehen, was möchtest du dann nicht erleben?«

Wir switchen ins innere Kind, das sagt jetzt vielleicht: »Ich will die Langeweile nicht!«

Wir hinterfragen: »Und wenn wir aber doch die Langeweile wieder erleben, was ist es dann, was du im Körper nicht fühlen willst?«

Unser inneres Kind sagt: »Da ist ein Druck in meinem Bauch, ein Schmerz, der tut so weh. Den will ich nicht!« Jetzt sind wir im Körper angekommen. Das ist die körperliche Empfindung, die unser inneres Kind nicht erleben möchte. Darum geht es bei dem ganzen Problem eigentlich.

An dieser Stelle passiert es häufig, dass wir Zugriff auf Erlebnisse bekommen, in denen wir einmal dieses Gefühl erleben mussten, es steigen Erinnerungen auf. Lassen Sie das bitte geschehen, und wann immer es sich anbietet, bestätigen Sie die Erfahrung Ihres inneren Kindes mit Wie-Sätzen. Ein Beispiel:

Inneres Kind: »Da ist ein Schmerz in meinem Bauch, so ein Brennen, das will ich nicht!«

Heutiges Ich: »Ja, ich höre und spüre, wie sehr es in deinem Bauch schmerzt, wie sehr es brennt.«

Inneres Kind: »Als Mama und Papa mich allein gelassen haben, für ganz viele Stunden, und die haben gesagt, ich soll mich nicht so anstellen. Da war dieses Brennen da. Ich wusste nicht, was ich tun sollte, die ganze Zeit ...«

Heutiges Ich *(betont das Wie)*: »Hm, ja, damals wurdest

du allein gelassen. Ich spüre, *wie* schwer das gewesen sein muss, *wie* weh das getan haben muss.«

Inneres Kind: »Ja! Das tut sooo weh.« *(weint)*

Heutiges Ich: »Ja, genau! Das tut sooo weh. Ich spüre, wie weh es dir tut, mein Schatz. Es darf sein. Ich bin da!«

Wenn wir dieses Gefühl in unserem Körper finden und anerkennen, wenn wir die Situationen wieder erinnern, in denen es ausgelöst wurde, dann kann es sein, dass wir eine tiefe Erkenntnis haben, ein Aha-Erlebnis: »Ja, das ist es! Gegen dieses Gefühl kämpfe ich die ganze Zeit an, natürlich!« Gleichzeitig fühlen wir uns so erleichtert, als ob Zentnerlasten von unseren Schultern fallen. Sich dem zu stellen, was wir im Innersten nicht wollen, ist also, anders, als man vermuten könnte, keine schreckliche Erfahrung, sondern eine erleichternde.

Der Blickwinkel auf unser Problem kann sich noch weiter verändern, wenn wir nun unser inneres Kind fragen, was es für uns will.

Wenn Sie merken, dass es für heute reicht, können Sie an dieser Stelle die Übung unterbrechen und zu einem späteren Zeitpunkt fortfahren.

Schritt 7: Was das innere Kind fühlen will

Sie wissen bereits, was Ihr inneres Kind nicht will. Fragen Sie jetzt Ihr inneres Kind, was es stattdessen will. Nehmen Sie Folgendes mit, wenn Sie in die Position des inneren Kindes switchen: *Was möchtest du mit diesem Thema erleben?* Wenn wir bei dem obigen Beispiel bleiben, sagt unser inneres Kind vielleicht: »Ich will mehr Spaß. Ich will Abwechslung. Ja, und ich will andere Leute um mich, Leute, die ich gerne mag.«

Wir switchen dann ins Heutige Ich und erkennen die Aussage unseres inneren Kindes an: »Ja, ich höre, wie sehr du mehr Spaß möchtest, mehr Abwechslung. Und wie sehr du Leute um dich möchtest, die du gerne magst.«

Nun wollen wir auch hier zu dem Körpergefühl finden, das unser inneres Kind erleben möchte. Wir fragen: »Ja, Schätzchen, und wenn wir den Spaß haben, die Abwechslung, und wenn tolle Leute um uns sind, *was können wir dadurch erleben?*«

Nun antwortet unser Kind vielleicht: »Hm, ja, Freude! Ich würde mich richtig darauf freuen, dahin zu gehen.«

Wir bestätigen die Antwort aus der Position unseres Heutigen Ichs: »Ah, ich spüre, wie sehr du dich freuen würdest.« Noch haben wir nicht das Körpergefühl gefunden. Wir haben eine Schublade mit einem Etikett gefunden, darauf steht »Freude«. Wenn wir diese Schublade »Freude« herausziehen und hineinschauen, dann finden wir dort ein einzigartiges Körpergefühl, nämlich, *wie genau* sich diese Freude anfühlt – und zwar nur für uns allein. Niemand außer Ihnen, beziehungsweise Ihrem inneren Kind, empfindet Freude in der speziellen Weise, in der Sie es tun.

Deswegen fragen wir unser inneres Kind nach der körperlichen Wahrnehmung: »Und wenn du dich so freuen würdest, wie fühlt es sich in deinem Körper dann an?«

»Hm ...«, unser inneres Kind muss das erst erspüren, »es ist hier in der Brust, so ein zerspringendes Gefühl, es fühlt sich toll an.«

Jetzt sind wir im Körper angekommen. Diese spezielle Empfindung ist es, die unser inneres Kind erleben möchte.

Wenn Sie nun in Ihr Heutiges Ich switchen, laden Sie Ihr inneres Kind ein, *ganz* in dieses Gefühl zu gehen, es sich in seinem ganzen Körper ausbreiten zu lassen.

Laden Sie es ein, dieses Gefühl zu feiern. Dann switchen Sie in Ihr inneres Kind und feiern dieses Gefühl.

Wenn Sie aus der Position Ihres inneren Kindes heraustreten, können Sie dieses Gefühl mitnehmen. Noch während Sie in der Position Ihres inneren Kindes dieses Gefühl wahrnehmen, legen Sie eine Hand auf die Stelle Ihres Körpers, an der Sie dieses Gefühl am intensivsten spüren können. Später, in den nächsten Tagen und wann immer Sie möchten, können Sie direkt in dieses Gefühl gehen, wenn Sie daran denken und die Hand auf diese Körperstelle legen.

Schritt 8: Einen sanften Abschluss finden

Beenden Sie diese Übung sanft. Bedanken Sie sich bei Ihrem inneren Kind, und schreiben Sie auf, was Sie mit Ihrem inneren Kind erlebt haben. Sie können dieses Erlebnis auch in einer Skizze oder in einem farbigen Bild festhalten.

Kritische Stimmen

»Schön und gut! Aber was soll ich mit meinem Problem machen? Ich habe es doch immer noch!«

Vielleicht hören Sie eine solche Stimme in sich, eine kritische Stimme. Eben noch spürten Sie den Reichtum Ihrer inneren Welt, nun taucht diese Stimme in Ihnen auf und entwertet die Erfahrung. Jeder, soweit mir bekannt ist, hat so eine kritische Stimme in sich. Es ist die Stimme der verinnerlichten Eltern, und wir werden uns noch intensiv mit ihr befassen. Wir werden diesen kritischen Stimmen in einem gesonderten Kapitel Raum und Erlaubnis geben.

Gehen wir an dieser Stelle aber einmal auf den kritischen Einwand ein. Hat sich Ihr Problem nicht doch verändert? Sie steckten in dem Problem fest, als Sie es krampfhaft zu lösen versuchten. Vielleicht ist dieses Problem noch nicht gelöst, aber vielleicht haben Sie sich etwas *von* dem Problem gelöst. Vielleicht können Sie sich *an* diesem Problem jetzt selbst erkennen und sich aus dem Problem heraus entwickeln.

Wenn unser inneres Kind angehört wird, wenn seine Bedürfnisse anerkannt werden, dann verändert es sich. Unser inneres Kind heilt, und es wächst, und das verändert uns. Wir machen diese Veränderung nicht – es ist eine Veränderung, die mit uns geschieht, wenn wir bei unserem inneren Kind bleiben und ihm zuhören.

Wenn Sie diese Übung jetzt gemacht haben, so war das ein Schritt auf dem Weg zur Lösung. Weitere werden folgen, vielleicht gerade dann, wenn Sie mit dieser Übung an einem ganz anderen Problem arbeiten oder auf eine andere Weise mit Ihrem inneren Kind im Kontakt sind.

Sie können diese Übung auf jedes Ihrer Probleme anwenden. Wenn Sie diese Übung ein- oder zweimal gemacht und ein wenig verinnerlicht haben, können Sie die folgende Kurzanleitung benutzen:

Kurzanleitung:
Erlaubnis-Imagination zu einem Thema

Schritt 1: Auslegen der Grundpositionen

Nehmen Sie die Zettel für Ihr inneres Kind und für Ihr Heutiges Ich, und legen Sie sie aus.

Schritt 2: Thema dazulegen

Wählen Sie ein Thema aus.

Machen Sie es in ein oder zwei Schlagworten *griffig*, schreiben Sie diese auf einen Zettel, und zeichnen Sie einen Pfeil für die Blickrichtung ein.

Legen Sie den Zettel aus.

Schritt 3: Eintreten ins Heutige Ich

Treten Sie in die Position Ihres Heutigen Ichs.

Was sagt Ihr Heutiges Ich zum Thema? (Rationale Betrachtung.)

Wenn Gefühle auftreten, die Sie einschränken, nehmen Sie sie mit zum inneren Kind.

Stimmen Sie sich auf Ihr inneres Kind ein.

Schritt 4: Eintreten ins innere Kind

Wie geht es Ihrem inneren Kind mit dem Thema?

Wie geht es Ihrem inneren Kind mit dem, was Ihr Heutiges Ich gesagt hat?

Schritt 5: Bestätigen des inneren Kindes

Switchen Sie die Position.

Bestätigen Sie die Aussagen Ihres inneren Kindes.

Keine Diskussionen, verwenden Sie Wie-Sätze.

Schritt 6: Was das innere Kind nicht fühlen will

Switchen Sie die Position.

Fragen Sie Ihr inneres Kind, was es in Bezug auf das Thema nicht will.

Bestätigen Sie mit Wie-Sätzen, und hinterfragen Sie: »Wenn aber doch geschieht, was du nicht willst, was ist es, was du dann nicht erleben willst? Was ist noch schlimmer?«

Bestätigen Sie die Aussagen Ihres inneren Kindes, und fragen Sie weiter, bis es das Körpergefühl schildert, das es nicht empfinden will.

Wenn Erinnerungen aufsteigen, lassen Sie ihnen freien Lauf.

Schritt 7: Was das innere Kind fühlen will

Switchen Sie die Position.

Fragen Sie Ihr inneres Kind, was es in Bezug auf das Thema erleben will.

Bestätigen Sie die Aussagen Ihres inneren Kindes. Fragen Sie weiter: »Und wenn das geschieht, was du willst, was können wir dadurch erleben?«

Bestätigen Sie die Aussagen Ihres inneren Kindes, und fragen Sie nach dem dahinterstehenden Körpergefühl: »Und wenn das so wäre, wie fühlt es sich in deinem Körper an?«

Bestätigen Sie es, und laden Sie Ihr inneres Kind ein, dieses Gefühl zu feiern. Es kann sich im ganzen Körper ausbreiten.

Feiern Sie dieses Gefühl.

Legen Sie eine Hand an genau die Stelle, an der Sie dieses schöne Gefühl am intensivsten und deutlichsten spüren. An dieser Stelle können Sie später das Gefühl erneut auslösen.

Schritt 8: Einen sanften Abschluss finden

Treten Sie aus der Position heraus, und finden Sie ein sanftes Ende. Bedanken Sie sich bei Ihrem inneren Kind. Schreiben Sie oder malen Sie auf, was Sie mit Ihrem inneren Kind erlebt haben.

Kapitel 7

Rückkehr in den Körper

Es ist befreiend, mit unserem inneren Kind verbunden zu sein, denn es bedeutet nichts anderes, als ganz im Körper zu sein und ohne Bewertungen anzuerkennen und zu erlauben, was wahrnehmbar ist.

Aber meist ist es uns nicht möglich, in diesem mit unserem Körper verbundenen Zustand dauerhaft zu bleiben. Mal sind wir ganz nah an uns dran und wissen um die Empfindungen unseres inneren Kindes und gehen liebevoll mit uns um. Dann wieder verlieren wir den Kontakt und fühlen unseren Körper nicht mehr. Stattdessen bewerten wir und versuchen, uns in Konzeptionen zu finden. Wenn das geschieht, fühlen wir uns nicht gut. Wir suchen uns, aber wir können uns nicht finden. Wir spüren, dass uns etwas fehlt, wir befinden uns in Anspannung.

Aber wir können uns sofort entspannen, wenn wir in unseren Körper zurückkehren und uns wieder mit den Empfindungen unseres inneren Kindes verbinden. Wenn wir das eine Weile üben, werden wir sensibler für die Abtrennung von unserem inneren Kind, wir können den Verlust unseres Körpers frühzeitig wahrnehmen und stoppen. Es müssen nicht mehr Wochen und Monate vergehen, bis wir merken, wie wir uns *wirklich* in einer inzwischen längst vergangenen Situation gefühlt haben. Bald lernen wir, noch in der Situation zu merken, dass es unserem inneren Kind nicht gutgeht. Wir können dann frühzeitig eingreifen und unser inneres Kind schützen.

Die Erlaubnis-Imagination im Körper

Wir haben bisher die Erlaubnis-Imagination mit Zetteln durchgeführt, mit Stellvertretern für das innere Kind und das Heutige Ich. Wir konnten in der Arbeit mit den Zetteln als Stellvertretern lernen, die beiden Positionen klar zu trennen. Wir konnten üben, unserem inneren Kind ein Gegenüber zu sein, nämlich das Gegenüber, das es braucht. Wir gehen nun einen Schritt weiter und führen die Erlaubnis-Imagination im Körper durch.

Bevor Sie die Erlaubnis-Imagination im Körper durchführen, lesen Sie bitte zuerst genau die folgende ausführliche Beschreibung dieser Übung durch. Danach erfolgt eine Zusammenfassung der einzelnen Schritte, die Sie durch die Übung leitet.

Der sichere Rahmen für das innere Kind

Treffen Sie bitte die bekannten Vorkehrungen, und verhindern Sie bitte jede Störung. Stellen Sie, wenn das möglich ist, Ihr Telefon ab, oder legen Sie den Hörer zur Seite. Kreieren Sie einen Rahmen, der sicher und geschützt ist. Ihrem inneren Kind hilft diese Sicherheit, sich zu zeigen.

Finden Sie eine bequeme, entspannende Sitzhaltung, am besten mit aufgerichtetem Oberkörper. Legen Sie sich Zettel und Stift für Notizen an die Seite. Vielleicht möchten

Sie beginnen, ein Tagebuch anzulegen, in dem Sie Ihre Erfahrungen mit Ihrem inneren Kind festhalten können. Das
ist sehr hilfreich, um sich vor einer Übung, oder wann immer Sie das Bedürfnis dazu haben, auf Ihr inneres Kind
einzustimmen.

Erst im Körper ankommen

Wenn alles bereit und sicher ist, beginnen Sie mit der
Übung Körper-Kontakt, die Sie bereits kennen.

Auch wenn Sie später mit der Erlaubnis-Imagination im
Körper an Themen arbeiten, kommen Sie immer erst ganz
im Körper an, bevor Sie mit Ihrem inneren Kind arbeiten.
Beginnen Sie also mit dem Körper-Kontakt, diese Übung ist
sozusagen die Tür zum inneren Kind.

Manchmal ist es aber nicht leicht, die Übung Körper-Kontakt auszuführen. Zum Beispiel, wenn wir gerade von starken Gefühlen überwältigt werden. Nehmen wir einmal an,
wir sind aufgewühlt und wütend oder wir haben Angst und
vielleicht sogar Panikgefühle. Wir sind so unruhig, dass wir
uns nicht konzentrieren können. Wenn wir von solchen
starken Gefühlen gestört werden oder abgelenkt sind, dann
können wir eine ausgesprochen heilsame Übung vorschal-
ten. Ich nenne diese Übung den »inneren Kindergarten«.

Der innere Kindergarten

Wenn Sie ein Kind morgens in den Kindergarten bringen,
dann wissen Sie, was *wirklich* Chaos ist. Da wird getobt, ge-
schrien, geweint, gestritten, und man fragt sich, welches

Wunder passieren muss, damit hier Ruhe und Ordnung eintreten können. Kindergärtnerinnen wissen es. Sie beginnen damit, die Kinder in einer Runde sitzen zu lassen. Dann wird jedes Kind reihum begrüßt und darf etwas sagen. Anders gesagt, jedes Kind erhält die Erlaubnis, da zu sein, und die Gelegenheit, gehört zu werden. Genauso machen wir es in dieser Übung.

Begrüßen Sie, was Sie stört. Erlauben Sie es, erlauben Sie es *radikal*. Eine Freundin von mir, die Focusing-Trainerin Ann Weiser Cornell, nennt ihren Ansatz »die radikale Akzeptanz dessen, was ist«. Genau darum geht es hier: Erlauben Sie Ihrer Angst, Ihrer Unruhe oder was immer es ist, da zu sein. Sprechen Sie das Gefühl einfach wie ein kleines Kind an, ein Kind, das in Ihnen wohnt. Spüren Sie nach innen, da ist der Kindergarten, und da sind lauter kleine Kinder, die begrüßt werden möchten:

»Ah, da ist ein kleines Kind in mir, das hat jetzt Angst.«
Sie können Ihren Namen anstelle des Wortes Kind setzen:
»Ah, da ist ein kleiner ... (oder kleine ...), der (oder die) hat Angst. Hallo! Ja, du bist da! Ich erkenne dich an. Du darfst da sein. Und ich spüre, wie sehr du Angst hast. Ich bin da, und ich nehme dich an die Hand!«

Vielleicht ist da auch ein Druck zu spüren, der Druck, diese Übung richtig machen zu müssen. Es drückt Sie etwas, bedrängt Sie, dann begrüßen Sie diesen Druck und erkennen ihn an: »Ah, ich nehme wahr, da ist ein kleiner ..., der fühlt sich unter Druck gesetzt. Ja, du stehst unter Druck, alles richtig machen zu müssen. Ja, du bist da, ich erkenne dich an. Ich spüre, wie sehr du unter Druck stehst. Ja, das darf sein. Du gehörst zu mir. Und ich bin da, und ich nehme dich an die Hand!«

Der innere Kindergarten im Konflikt

Sie können Ihre Wut in der gleichen Weise begrüßen, Ihre Unruhe oder was immer es ist, das Sie stört. Wenn es mehrere Gefühle sind, begrüßen Sie sie nacheinander, und nehmen Sie sie an die Hand. Stellen Sie es sich richtig vor, wie Sie diese beiden Kinder rechts und links an der Hand halten, und strecken Sie Ihre Arme ganz aus.

Gerade bei Teilen, die sich miteinander im Konflikt befinden, befreit es uns, wenn wir beide zugleich an der Hand halten. Dann befinden wir uns in einem liebevollen Abstand zu beiden Teilen und dem Konflikt, den sie austragen.

Wenn wir Gefühle oder Bestrebungen in uns nicht mehr bekämpfen, sondern ihnen erlauben zu sein, *uns erlauben, sie zu haben*, dann entspannt sich die Lage, und der Konflikt in uns ist geschlichtet. Vielleicht auch nicht ganz, vielleicht ist der Konflikt nur vorübergehend befriedet, dann können wir nach dem Körper-Kontakt mit diesem Konflikt als Thema arbeiten. Damit werden wir uns gleich noch befassen.

Wenn Sie gleich oder später die nachfolgende Übung durchführen, beginnen Sie also gegebenenfalls mit dem inneren Kindergarten, bevor Sie mit der Übung Körper-Kontakt anfangen. Wenn Sie dann Ihre Aufmerksamkeit in Ihren äußeren Körperbereich gelenkt haben und weitergehen in Ihren inneren Körper-Bereich, den Hals und den Brustraum, so gelangen Sie schließlich mit der Aufmerksamkeit in Ihren Bauch. Dort wohnt Ihr inneres Kind. Ihr inneres Kind kann überall im Körper auftauchen und auf sich aufmerksam machen, aber es wohnt im Bauch. Deshalb erfüllen wir unseren ganzen Körper mit unserer Aufmerksamkeit und finden unseren Ausgangspunkt im Bauch. Dort treten wir in Kontakt mit unserem inneren Kind.

Hand auflegen

Legen Sie einmal Ihre nicht-dominante Hand auf Ihren Bauch, hier wohnt Ihr inneres Kind. Sie können es gerne begrüßen und nach innen »Hallo« sagen.

Nehmen Sie die Hand von Ihrem Bauch, und legen Sie nun Ihre dominante Hand einmal auf Ihre Stirn: Hier wohnt Ihr Heutiges Ich, die erwachsene Instanz in Ihnen. Auch Ihr erwachsenes Heutiges Ich können Sie begrüßen und ihm »Hallo« sagen.

Wenn Sie gleich in der Übung aus der Position Ihres Heutigen Ichs mit Ihrem inneren Kind sprechen, legen Sie Ihre dominante Hand auf die Stirn. Sprechen Sie nach innen hinunter in Ihren Bauch, wo Ihr inneres Kind wohnt.

Stirn: Heutiges Ich

spricht hinunter in den Bauch mit dem inneren Kind.

Wenn Sie sich dann in Ihr inneres Kind einfühlen und mit Ihrer Aufmerksamkeit in Ihren Bauch gehen, nehmen Sie Ihre dominante Hand von der Stirn und legen, um die Position Ihres inneren Kindes zu unterstützen, Ihre nicht-dominante Hand auf Ihren Bauch.

Bauch: inneres Kind

fühlt und spricht aus, was es fühlt.

Achten Sie bitte darauf, mit Ihren Händen genau den Wechsel der Positionen zu begleiten. Es befindet sich – in dieser Phase – nur *eine* Hand auf Ihrem Körper, und zwar auf der Stelle, die der Position zugeordnet ist, aus der Sie gerade sprechen.

Lassen Sie uns jetzt einmal die Kontaktaufnahme mit Ihrem inneren Kind im Körper durchführen. Ich empfehle Ihnen, wie schon angesprochen, wechselweise die Instruktionen eines Schrittes zu lesen und ihn dann auszuführen.

Übung:
Kontaktaufnahme mit dem inneren Kind im Körper

Sorgen Sie für einen sicheren Rahmen. Wenn Sie in Ihrem Körper arbeiten, empfiehlt es sich, die Augen zu schließen.

Schritt 1: Der innere Kindergarten

Begrüßen Sie die Gefühle oder Wahrnehmungen, die Sie stören. Sprechen Sie sie als kleine Kinder an, und erlauben Sie ihnen, da zu sein.

Sprechen Sie nach innen zu dem Gefühl: »Ah, da ist ein kleines Kind in mir, das hat jetzt Angst.« Sie können Ihren Namen anstelle des Wortes Kind setzen: »Ah, da ist ein kleiner ... (oder kleine ...), der (oder die) hat Angst. Hallo! Ja, du bist da! Ich erkenne dich an. Du darfst da sein. Und ich spüre, wie sehr du Angst hast. Ich bin da, und ich nehme dich an die Hand!«

Sie können in dieser Form alles in sich begrüßen, was Sie stört.

Schritt 2: Körper-Kontakt

Nehmen Sie sich etwa drei bis fünf Minuten für diese Übung Zeit. Wenn Sie möchten, können Sie sie natürlich ausdehnen. Sollten Sie diese Übung noch nicht gemacht haben, so empfehle ich Ihnen, die ausführlicheren Instruktionen auf den Seiten 34–37 zu benutzen.

Körper-Kontakt

Lenken Sie Ihre Aufmerksamkeit zunächst in den äußeren Bereich Ihres Körpers:

Füße – Beine – Becken/Kontakt zum Sitz

Rücken – Schultern – Arme

Hände/Kontakt der Hände – Nacken – Kopf

Gehen Sie dann mit Ihrer Aufmerksamkeit in den inneren Bereich Ihres Körpers:

Hals – Brustraum – Bauchraum

Schritt 3: Das Heutige Ich spricht

Legen Sie Ihre dominante Hand auf die Stirn, und lenken Sie Ihre Aufmerksamkeit hierhin.

Sprechen Sie nach innen hinunter in Ihren Bauch:

»Hallo, mein Schatz! (Oder nehmen Sie den Kosenamen, den Sie benutzen.)

Ich möchte dich einladen, dich jetzt spüren zu lassen.«

Schritt 4: Das innere Kind spüren

Nehmen Sie die Hand von der Stirn, und legen Sie Ihre nicht-dominante Hand auf Ihren Bauch. Bleiben Sie mit Ihrer Aufmerksamkeit im Bauch, und lassen Sie sich einige Minuten Zeit. Seien Sie einfach da, und stellen Sie sich vor, Sie wären mit einem fremden, scheuen Kind zusammen und wären ganz sanft bei dem Kind.

Bleiben Sie bei der körperlichen Empfindung, die sich einstellt. Meist ist es ein unklares, schwaches Gefühl, das sich kaum erfassen lässt. Sie wissen nur: Ja, da ist *etwas, irgendetwas.* Begrüßen Sie diese Empfindung: »Hallo, ja, du bist da.«

Bleiben Sie mit Ihrer Aufmerksamkeit bei dieser Empfindung, und spüren Sie genau hin, wie sie sich anfühlt. Beschreiben Sie sich selbst die Art und Weise dieser Empfindung. Hilfreich ist es, mit einer inneren Stimme diesen Prozess zu kommentieren.

Ein Beispiel: »Ah, da ist etwas, ein Stechen im linken Oberbauch. Ich sage Hallo zu dir. Ja, du bist da.

Ah, es verändert sich. Hm, jetzt fühlt es sich wie eine
Scheibe an, die dort liegt. Hm, fühlt sich ganz kalt an.«

Wenn Sie jetzt mit einer solchen Empfindung verbunden
sind, bleiben Sie ein bisschen in Kontakt damit, während
Sie weiterlesen.

Dieses unklare Gefühl wollen wir nicht bewerten, sondern nur beschreiben, denn es ist unser inneres Kind, das
sich hier äußert. Es ist das, was es uns zu diesem Zeitpunkt
zu zeigen bereit ist. Es ist das, was es uns wissen und spüren lassen möchte.

Und wenn wir diese Empfindung sanft begleiten und beständig bestätigen, zum Beispiel: »Ja, jetzt weitet sich das
Gefühl in den linken Oberbauch aus, ja, du bist dort zu
spüren, es fühlt sich dumpf an ...«, dann bekommt unser
inneres Kind Vertrauen und fühlt sich dazu eingeladen,
uns mehr von sich zu zeigen.

Dieses anerkennende Hinspüren ist die liebevollste Art,
mit unserem inneren Kind und uns selbst umzugehen.

Wenn unser inneres Kind nun Gestalt angenommen hat
oder annimmt, entweder in einer solchen vagen Empfindung oder vielleicht auch in Bildern, die aufsteigen, bestätigen wir alles, was kommt. Wir sagen: »Ja, hallo, du bist da.
Ich spüre dich.«

Nun können wir einen Schritt weiter gehen.

Schritt 5: Wie es dem inneren Kind geht

Legen Sie Ihre dominante Hand auf die Stirn, und sprechen Sie nach innen hinunter in Ihren Bauch: »Ich lade
dich ein, mich jetzt spüren zu lassen, wie es dir geht.«

Dann nehmen Sie die Hand von der Stirn und legen Ihre
nicht-dominante Hand auf den Bauch. Wenn Sie im Kontakt zu einer genaueren Wahrnehmung sind, zum Beispiel
einem Ziehen im rechten Oberbauch, dann legen Sie bitte
Ihre Hand genau dorthin.

Nun lenken Sie Ihre Aufmerksamkeit auf diese Stelle.

Geben Sie Ihrem inneren Kind Zeit, bedrängen Sie es
nicht. Vielleicht will es Ihnen jetzt gerade nicht mehr zeigen, das ist okay. Bleiben Sie einfach liebevoll da, liebevoll
bei Ihrem inneren Kind, auch wenn es Ihnen einige Momente nichts zeigt.

Wenn Sie eine Weile da bleiben, kann es sein, dass Sie
ein Gefühl wahrnehmen. Es ist die Antwort Ihres inneren
Kindes, es zeigt Ihnen, wie es ihm geht.

Bleiben Sie beschreibend dabei: »Hm, ah, es fühlt sich,
als sei es allein. Ja, es ist einsam, es ist auch traurig. Ja, das
ist es, es ist ganz traurig.«

Schritt 6: Bestätigen Sie die Gefühle des inneren Kindes

Legen Sie jetzt *zusätzlich* Ihre dominante Hand auf Ihre
Stirn, während Ihre andere Hand bei Ihrem inneren Kind
auf dem Bauch bleibt. Fühlen Sie anerkennend mit, und
sprechen Sie es mit einem Wie-Satz aus. Sagen Sie nach innen hinunter zum inneren Kind: »Ich spüre, wie ... (traurig,
verlassen ...) du dich fühlst. Es darf sein, ich bin da.«

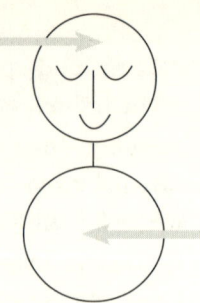

Es kann sein, dass Ihr inneres Kind Ihnen zeigt, was dieses Gefühl einmal ausgelöst hat. Es kann Ihnen eine Erinnerung zeigen, die Sie vielleicht längst vergessen hatten und die Sie jetzt in der vollen Intensität wieder erleben. Sie erleben, wie sich Ihr inneres Kind damals *wirklich* gefühlt hat. Wenn das geschieht, begleiten Sie Ihr inneres Kind und bestätigen Sie seine Gefühle mit Wie-Sätzen.

Manche erfahren in dem Moment, in dem beide Hände gleichzeitig aufgelegt sind, einen Energiestrom, eine Wärme, die zwischen diesen Positionen fließt. Manche sagen: »Jetzt fließt die Liebe in mir!«, und fühlen eine Aussöhnung mit sich selbst. Es ist das Aufblitzen einer Ganzheit,

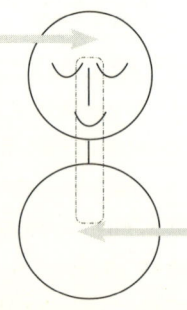

»Jetzt fließt die Liebe in mir.«

in der Herz und Verstand zusammenkommen und für einen Moment alles gut und richtig ist.

So eine Erfahrung ist ein Geschenk. Doch die liebevolle Verbindung zwischen Ihrem Heutigen Ich und Ihrem inneren Kind kann auch einfach nur angenehm sein, einfach das gute Gefühl, ganz im Körper zu sein. Das ist alles in Ordnung, und es ist jedes Mal anders und neu. Wichtig ist allein die Verbindung zu Ihrem inneren Kind: dieses Hinspüren, Mitfühlen und Anerkennen, wie es Ihrem inneren Kind gerade geht.

Sie haben jetzt mit Ihrem inneren Kind im Körper Kontakt aufgenommen. Vielleicht möchten Sie noch etwas bei Ihrem inneren Kind bleiben und diese Verbindung feiern.

Schritt 7: Einen sanften Abschluss finden

Finden Sie einen sanften Abschluss: Bedanken Sie sich bei Ihrem inneren Kind für alles, was es Ihnen gezeigt hat. Bedanken Sie sich auch bei Ihrem Körper. Kehren Sie dann langsam mit Ihrer Aufmerksamkeit in den Raum zurück, und öffnen Sie die Augen. Lassen Sie sich Zeit. Schreiben Sie auf, was Sie mit Ihrem inneren Kind erlebt haben, oder malen Sie es auf. Dann sollten Sie eine Pause machen und später zu diesem Buch zurückkehren.

Erlernen der Erlaubnis-Imagination

Wir können mit der Erlaubnis-Imagination im Körper tiefe und berührende Erfahrungen mit unserem inneren Kind machen. Und wir können mit dieser Methode ein sicheres

Fundament für eine dauerhafte und liebevolle Beziehung zu unserem inneren Kind schaffen. In dieser Phase des Erlernens und Verinnerlichens der Erlaubnis-Imagination ist es besonders wichtig, die einzelnen Schritte genau auszuführen und die Positionen von innerem Kind und Heutigem Ich sauber zu trennen. Deshalb markieren wir mit unseren Händen die Position, aus der wir gerade sprechen.

Später, wenn Sie diese Arbeit verinnerlicht haben, gehen nicht nur die ersten Schritte, der innere Kindergarten und der Körper-Kontakt, sehr viel schneller (nur noch einige Minuten), Sie sind dann auch so eingeübt, dass Sie die Positionen nicht mehr mit den Händen markieren müssen.

Wenn wir nun mit Hilfe der Erlaubnis-Imagination im Körper mit einem Thema arbeiten, werden Ihnen viele Dinge begegnen, die Sie bereits kennengelernt haben. Die Schritte der Erlaubnis-Imagination werden Ihnen immer vertrauter werden, und bald können Sie diese Methode ohne große Anstrengung anwenden.

Übung:
Die Erlaubnis-Imagination im Körper zu einem Thema

Nachdem wir in der vorigen Übung die Positionen Ihres Heutigen Ichs und inneren Kindes im Körper markiert haben, variieren und erweitern wir die Übung, indem wir mit einem Thema arbeiten. Sie können mit allen Themen arbeiten, nur sollte das Thema Krankheit noch außen vor bleiben. Und Sie sollten etwas auswählen, das Energie hat: Es sollte Sie berühren und bewegen, wenn Sie daran denken. Wenn Sie mit einem Thema arbeiten, an dem Sie »zu knacken haben«, werden Sie erfahren, wie heilsam diese Übung sein kann.

Sollten Sie kein Thema finden, so können Sie nach dem Körper-Kontakt eines einladen, sich zu zeigen, nämlich das, das gerade Ihre Aufmerksamkeit benötigt.

Machen Sie im Folgenden wieder von unserer Technik Gebrauch, abwechselnd Instruktionen zu lesen und durchzuführen.

Schritt 1: Thema finden und griffig machen

Machen Sie Ihr Thema mit ein oder zwei Schlagwörtern griffig.

Schritt 2: Innerer Kindergarten

Schritt 3: Körper-Kontakt

Schritt 4: Thema an das innere Kind senden

Legen Sie Ihre dominante Hand auf die Stirn, und sprechen Sie aus der Position Ihres Heutigen Ichs hinunter in den Bauch zu Ihrem inneren Kind:

»Ich möchte dich einladen, mich spüren zu lassen, wie es dir mit ... (Thema) geht.«

Wenn Sie kein Thema haben, sagen Sie:

»Ich möchte dich jetzt einladen, mich spüren zu lassen, was gerade wichtig für dich ist und meine Aufmerksamkeit braucht.«

Schritt 5: Das innere Kind antworten lassen

Nehmen Sie die Hand von der Stirn, legen Sie die andere Hand auf Ihren Bauch, und bleiben Sie eine Weile im Bauch. Sie wissen bereits, dass es einige Minuten dauert, bis Ihr inneres Kind reagiert und *etwas* spürbar wird. Vielleicht ist es nur eine ganz leichte, kaum wahrnehmbare Empfindung, es wäre leicht, sie zu übergehen. Es ist etwas am Rande Ihrer Wahrnehmung. Bleiben Sie dabei, und begrüßen Sie es. Verschieben Sie gegebenenfalls Ihre Hand auf die Stelle, an der Sie diese Empfindung wahrnehmen: »Ah, da ist ein Druck«, oder: »Hier ist so ein Ziehen.« Spüren Sie hin, und erkennen Sie diese Empfindung an, indem Sie sie beschreiben, zum Beispiel: »Hm, das Ziehen ist wie ein Band, das nach innen führt. Ja, wie ein Band, jetzt sehe ich es auch, es zieht nach innen und ist irgendwo festgemacht. Ja, da ist so ein Pfeiler, mitten in mir, ich kann ihn spüren, wie aus Metall, ja, es ist kaltes Eisen, ganz kalt. Hallo, ich begrüße dich. Du bist da. Ah, jetzt wird es noch deutlicher ...«

So kann ein solcher Prozess ablaufen, wenn wir nah an unserer Empfindung bleiben.

Schritt 6: Wie es dem inneren Kind geht

Während Sie im Kontakt mit dieser Empfindung sind und Ihre Hand auf dem Bauch liegt, nehmen Sie Ihre andere Hand zur Stirn, und sprechen Sie hinunter in Ihren Bauch: »Ich möchte dich einladen, mich spüren zu lassen, wie es dir geht ...« (Sie fragen also diese Empfindung, wie es ihr geht – die Empfindung ist die Gestalt, in der uns unser inneres Kind begegnet.)

Nehmen Sie die Hand von der Stirn, und gehen Sie mit Ihrer Aufmerksamkeit ganz in den Bauch. Geben Sie Ihrem inneren Kind Zeit für die Antwort.

Wenn Sie das Gefühl haben, Ihr inneres Kind wolle es jetzt gerade nicht zeigen, dann bleiben Sie bitte liebevoll da. Nehmen Sie Ihre andere Hand zur Stirn, und sagen Sie: »Ja, es darf sein. Es ist okay.«

Vielleicht möchten Sie noch eine Weile bei Ihrem inneren Kind sein, oder Sie finden den sanften Abschluss der Übung.

Wenn Ihr inneres Kind antwortet, indem es Sie wahrnehmen lässt, wie es dieser Empfindung geht, etwa: »Hm, es ist so hart, es ..., ja, es fühlt sich erstarrt!«, dann nehmen Sie die Hand zur Stirn, während Ihre Bauchhand in Position bleibt, und bestätigen Sie mit einem Wie-Satz: »Ich höre und spüre, wie erstarrt du dich fühlst, ja, es darf jetzt sein!«

Wenn Sie in dieser Weise mitfühlend und bestätigend Ihr inneres Kind begleiten, sind beide Hände auf dem Körper.

Vielleicht zeigt Ihnen Ihr inneres Kind weitere Gefühle, oder vielleicht lässt es die Situation aufsteigen, die es einmal so erstarren ließ: In diesem Beispiel sehen und spüren Sie sich als kleinen Jungen, der nachts aufwacht und ein schlimmes Gespräch seiner Eltern mithört. Gleichzeitig haben Sie vielleicht eine Erkenntnis: »Ah, ja, das ließ mich so erstarren, deswegen fällt mir bei bestimmten Gesprächen plötzlich nichts mehr ein.«

Lassen Sie es so sein, und begleiten Sie Ihr inneres Kind weiter. Wenn dieser liebevolle Strom zwischen Ihrem Heutigen Ich und dem inneren Kind durch Ihr mitfühlendes Spüren etabliert ist, können Sie Ihre Hände vom Körper nehmen. Setzen Sie Ihre Hände ein, wenn Sie das Bedürfnis haben, die Positionen zu unterstützen.

Schritt 7: Was das innere Kind nicht möchte

Laden Sie, mit der Hand auf der Stirn oder ohne, Ihr inneres Kind ein, Sie spüren zu lassen, was es nicht möchte.

Vielleicht lässt Sie das innere Kind wissen: »Ich möchte nicht so erstarrt sein in solchen Gesprächen ...«

Sie bestätigen das mit einem Wie-Satz (manchmal klingt das befremdlich, aber es bestätigt genau, was das innere Kind gesagt hat): »Ah, ich höre, wie sehr du nicht erstarrt sein möchtest in solchen Gesprächen. Und wenn das aber doch geschieht, was möchtest du dann nicht erleben? Was ist das noch Schlimmere?«

Vielleicht sagt es: »Ich will mich nicht so dumm fühlen!«

»Ah, ja, ich höre, wie dumm du dich da fühlst, das möchtest du nicht!«

Hinterfragen Sie dann: »Und wenn du dich so dumm (...) fühlst, was ist es dann, was du im Körper nicht fühlen möchtest?«

Inneres Kind: »Ich möchte nicht diesen beißenden Schmerz im Oberbauch spüren und auch nicht diesen Druck im Kopf!«

Heutiges Ich: »Ja, ich verstehe, und ich spüre, wie sehr es im Oberbauch beißend schmerzt und wie sehr es im Kopf drückt. Ja, das möchtest du nicht, verstehe.«

Jetzt sind wir bei dem Körpergefühl angekommen, das unser inneres Kind nicht erleben möchte.

In dieser Phase steigen häufig Erkenntnisse über unser Thema auf. Und wir söhnen uns mit etwas aus, das uns an uns selbst gestört hatte. Jetzt begreifen wir diese Störung, sie macht jetzt Sinn, und wir gewinnen ein tiefes Verständnis, warum wir sie entwickelten.

Schritt 8: Was das innere Kind möchte

Laden Sie Ihr inneres Kind ein, Sie spüren zu lassen, was es gerne erleben möchte.

Vielleicht fängt das innere Kind zunächst an der Oberfläche an und lässt Sie wissen: »Ich möchte lebendig da sein!«

Wir bestätigen das: »Ich höre und spüre, wie lebendig du da sein möchtest! Und wenn du so lebendig da bist, was wird dir dann möglich zu erleben?«

Inneres Kind: »Dann bin ich frei!«

Heutiges Ich: »Ja, ich höre, wie frei du dann bist.

Und wenn du so frei bist, was wird dir dann möglich zu erleben?«

Inneres Kind: »Dann ... bin ich endlich glücklich!«

Heutiges Ich: »Ja, ich höre, wie glücklich du dann bist! Und wenn du so glücklich bist, was wird dir dann möglich, im Körper zu erleben?«

Inneres Kind: »Oh, unglaubliche Freude ..., hier im Brustkorb kribbelt es, es ist so lebendig, in den Armen, im ganzen Körper ...«

Wenn Sie jetzt im Körper fühlen können, was Ihr inneres Kind im Tiefsten will, gehen Sie einfach mit. Genießen Sie dieses Gefühl, feiern Sie es.

Wenn es abebbt, legen Sie eine Hand auf die Stelle, an der Sie es am intensivsten gespürt haben. Möglicherweise wallt es jetzt noch einmal auf. Sie können später, wann immer Sie das Bedürfnis dazu haben, wieder in dieses Gefühl eintreten, einfach, indem Sie Ihre Hand auf diese Stelle legen.

Schritt 9: Einen sanften Abschluss finden

Bedanken Sie sich bei Ihrem inneren Kind für alles, was es Sie hat wissen und spüren lassen. Bedanken Sie sich bei Ihrem Körper, und kehren Sie mit Ihrer Aufmerksamkeit in den Raum zurück. Schreiben Sie auf, was Sie erlebt haben, und malen Sie, wenn Sie möchten, ein Bild. Vielleicht gehen Sie in das von Ihrem inneren Kind gewünschte Körpergefühl und lassen ein Bild entstehen.

Lassen Sie die Dinge dann ruhen. Machen Sie etwas ganz anderes, aber vermeiden Sie bitte, über diesen Prozess nachzudenken und ihn zu analysieren. Wenn Sie bemerken, dass Sie wieder über Ihr Thema nachzugrübeln beginnen, erkennen Sie es an, sagen Sie: »Ja, da ist etwas in mir, das möchte darüber nachdenken. Du bist da, du darfst sein.«

Und während dieser Teil von Ihnen da sein darf, machen Sie etwas anderes.

Wenn Sie sich später mit dem Prozess oder dem Problem beschäftigen wollen, so tun Sie es über Ihren Körper: Spüren Sie sich in das nicht gewollte Gefühl ein, anschließend in das gewollte Gefühl, und lassen Sie es dann wieder los. Überlassen Sie es Ihrem Körper, die Lösung in Ihr Bewusstsein aufsteigen zu lassen, ganz zu seiner Zeit.

Für den schnellen Zugriff auf diese Übung folgt hier die Anleitung in Kurzform:

Kurzanleitung:
Die Erlaubnis-Imagination im Körper zu einem Thema

Schritt 1: Thema finden und griffig machen

Schritt 2: Innerer Kindergarten

Schritt 3: Körper-Kontakt

Schritt 4: Thema an das innere Kind schicken

Legen Sie Ihre dominante Hand auf die Stirn, sprechen Sie aus der Position Ihres Heutigen Ichs zu Ihrem Bauch, Ihrem inneren Kind:

»Ich möchte dich einladen, mich spüren zu lassen, wie es dir mit ... (Thema) geht.«

Wenn Sie kein Thema wissen, sagen Sie:

»Ich möchte dich jetzt einladen, mich spüren zu lassen, was gerade wichtig für dich ist und meine Aufmerksamkeit braucht.«

Schritt 5: Inneres Kind antworten lassen

Nehmen Sie die Hand von der Stirn, legen Sie die andere Hand auf Ihren Bauch.

Bleiben Sie mit Ihrer Aufmerksamkeit im Bauch, bis Sie eine Empfindung spüren.

Schritt 6: Wie es dem inneren Kind geht

Eine Hand liegt auf Ihrem Bauch, nehmen Sie Ihre andere Hand zur Stirn. Sprechen Sie zu Ihrem Bauch: »Ich möchte dich einladen, mich spüren zu lassen, wie es dir geht.«

Nehmen Sie die Hand von der Stirn, gehen Sie mit Ihrer Aufmerksamkeit wieder ganz in den Bauch.

Wenn das innere Kind momentan nichts zeigen möchte, nehmen Sie Ihre andere Hand zur Stirn, und sagen Sie: »Ja, es darf sein. Es ist okay.«

Bleiben Sie noch bei Ihrem inneren Kind, oder finden Sie einen sanften Abschluss.

Wenn Ihr inneres Kind Sie spüren lässt, wie es ihm geht, nehmen Sie die Hand zur Stirn, und bestätigen Sie mit einem Wie-Satz.

Schritt 7: Was das innere Kind nicht möchte

Laden Sie Ihr inneres Kind ein, Sie spüren zu lassen, was es nicht möchte.

Bestätigen Sie mit Wie-Sätzen, bis Sie das innere Kind das Körpergefühl spüren lässt, das es nicht will.

Schritt 8: Was das innere Kind möchte

Laden Sie Ihr inneres Kind ein, Sie spüren zu lassen, was es stattdessen erleben möchte.

Bestätigen Sie mit Wie-Sätzen, bis Sie das innere Kind das Körpergefühl spüren lässt, das es will.

Feiern Sie dieses Gefühl.

Legen Sie eine Hand auf die Stelle, wo Sie dieses Gefühl am intensivsten spüren konnten. Hier können Sie später das Gefühl wieder aktivieren.

Schritt 9: Einen sanften Abschluss finden

Bedanken Sie sich bei Ihrem inneren Kind und bei Ihrem Körper. Kehren Sie mit Ihrer Aufmerksamkeit in den Raum zurück. Schreiben oder malen Sie auf, was Sie erlebt haben.

Wenn sich mehrere Anteile melden

Bei dieser Übung (und allen anderen, bei denen wir ein Thema einladen, sich spüren zu lassen) kann es passieren, dass sich mehrere Anteile von uns melden. Das ist besonders dann der Fall, wenn wir mit einem Konflikt arbeiten, in dem ein Teil Druck macht und ein anderer Teil sich unter Druck gesetzt fühlt. Wir spüren dann nach, welcher Teil von uns momentan die meiste Aufmerksamkeit braucht, und arbeiten nacheinander mit ihnen, vielleicht in mehreren Sitzungen. Auch können wir, wie bereits erwähnt, beide Teile wie kleine Kinder links und rechts an der Hand halten. Dann haben wir einen liebevollen Abstand zum Konflikt und können gleichzeitig beide Seiten bejahen.

Wir könnten aber auch eine Theorie darüber entwickeln, was mit uns los ist: Der drückende Teil sei die Stimme unserer verinnerlichten Eltern, und der unter Druck gesetzte Teil sei unser inneres verlassenes Kind. Wir könnten uns an Dramen unserer Kindheit erinnern und unser Schicksal bedauern. Zum Glück brauchen wir das in der Erlaubnis-Imagination nicht zu tun. Wir brauchen diese Teile von uns nicht zu interpretieren.

Anstatt uns unseren inneren Teilen mit den Mitteln unseres rationalen Denkens, unseres Verstandes, anzunähern, wollen wir ihnen mit einem offenen Herzen begegnen und ihnen erlauben, da zu sein. Wir erlauben ihnen, in unserem Körper so da zu sein, wie sie sich fühlen lassen, und wir spüren liebevoll zu ihnen hin. Dann fühlen sich diese Teile von uns eingeladen, sich zu zeigen. Und sie offenbaren uns, dass sie ein Aspekt unseres inneren Kindes sind. Alle Teile in uns, ganz wie in der Übung innerer Kindergarten, können als innere Kinder betrachtet und behandelt werden. Denn zu einem bestimmten Zeitpunkt unseres Erlebens haben sich diese Teile entschlossen, Rollen einzunehmen, beispielsweise auch die Rolle unserer Eltern. So können wir diesen Teil als unsere verinnerlichten Eltern bezeichnen, und da er uns meistens kritisiert, auch als inneren Kritiker. Wir wollen uns im folgenden Kapitel mit diesem Teil beschäftigen.

Kapitel 8

Verinnerlichte Eltern, innerer Kritiker

Der innere Kritiker sagt uns, dass wir nichts wert sind, so, wie wir sind. Er sagt uns, dass etwas an uns schlecht sei. Er treibt uns an, uns gefälligst zusammenzureißen, damit wir das Schlechte in uns überwinden. Wenn wir uns nicht anstrengen, wenn wir keinen Druck aufwenden, dann werden wir versagen, dann wird unsere Existenz scheitern. Erfolge werden von unserem inneren Kritiker als das, was ohnehin normalerweise von uns zu erwarten ist, abgetan. Aber Misserfolge, die nimmt er sich genauer unter die Lupe: Wenn wir scheitern, wenn wir zum Beispiel durch eine Prüfung fallen oder wenn uns ein Beziehungspartner verlässt, kurz, wenn sich alles in uns nach Wärme, Mitgefühl und Verständnis sehnt, dann kommt unser innerer Kritiker hervor und ruft: »Siehst du, was für eine Niete du bist!«

Wenn wir einen Wunsch verwirklichen wollen, dann kann diese Stimme auch leiser sprechen und uns aus dem Hintergrund erklären, warum wir scheitern werden.

Ob sie nun laut oder leise spricht, ob sie im Vordergrund agiert oder tückisch aus dem Hintergrund arbeitet, die Stimme unseres Kritikers singt uns beständig das Lied von unserer Minderwertigkeit vor. Daran gewöhnen wir uns, und leider gewöhnen wir uns auch an das eingeschränkte Daseinsgefühl, das uns diese ständige Anfechtung beschert.

Mit unserem Willen können wir die Stimme unseres inneren Kritikers nicht endgültig zum Schweigen bringen. Selbst der Versuch, positiv gegen ihn zu denken, hilft, wenn überhaupt, leider nur kurzfristig. Nach einer Weile bricht der innere Kritiker wieder durch und ist stärker als jemals zuvor.

Kehren wir zu dem Gedanken der Abspaltung in unserer Kindheit zurück. Der Spaltung, die in uns geschieht, wenn wir als Kinder mit unseren Gefühlen allein gelassen werden. Dort entsteht nicht nur der Teil, den wir das verlassene innere Kind nennen, sondern auch ein anderer, den wir die verinnerlichten Eltern oder den inneren Kritiker nennen können. Dieser Teil greift unser inneres verlassenes Kind beständig an und unterdrückt es. Und unser inneres Kind, verlassen, wie es ist, ist diesen Anfechtungen schutzlos ausgeliefert und wird kontinuierlich verletzt.

Mit dem verlassenen inneren Kind haben wir bereits intensiv gearbeitet. Wir sind mit unserem Heutigen Ich dazwischengegangen und haben unsere verinnerlichten Eltern entmachtet. Seitdem schützen wir unser inneres Kind und werden ihm zu dem Gegenüber, das es braucht und sich wünscht. Was aber machen wir mit dem Teil in uns, der sich einmal entschieden hat, so zu werden wie unsere Eltern – der uns immer noch einreden will, wir seien nicht gut genug?

Wir machen mit ihm, was typisch für die Erlaubnis-Imagination ist: Wir erlauben ihn! Und wir tun das so radikal, dass er nicht anders kann, als seine kritisierende Fassade abzulegen und uns sein wahres Gesicht zu zeigen. Dann werden wir erkennen, dass er von einem einzigen Gefühl beherrscht wird: der Angst.

Im Folgenden werden wir die Erlaubnis-Imagination im Körper mit den verinnerlichten Eltern durchführen. Die einzelnen Schritte dieser Methode haben wir bereits im vorhergehenden Kapitel kennengelernt, in der Arbeit mit den verinnerlichten Eltern gibt es jedoch einen zusätzlichen Schritt, der von besonderer Wichtigkeit ist. Das folgende Beispiel zeigt die Bedeutung dieses zusätzlichen Schrittes.

Beispiel für eine Erlaubnis-Imagination mit den verinnerlichten Eltern

Nehmen wir einmal an, wir hatten als Kind eine traumatische Erfahrung mit unseren Eltern, die in der Arbeit mit unserem inneren Kind wieder auftaucht:

Wir sind vier Jahre alt und laufen eine Treppe hinauf, wir wollen ganz schnell oben sein, unser Vater ruft etwas, aber in diesem Moment stolpern wir und fallen hin. Es tut sehr weh, wir haben uns die Unterarme aufgeschlagen. Wir sehen das Gesicht unseres wütenden Vaters, er schreit uns an und gibt uns eine Ohrfeige.

Durch so eine Erfahrung kann sich unser inneres Kind sehr weit zurückziehen, und wir müssen uns ihm mit unserem Heutigen Ich wahrscheinlich sehr behutsam nähern. Wir müssen einiges tun, um sein Vertrauen zu gewinnen und es bei dieser Situation abzuholen. Nehmen wir an, das gelingt, und wir erlauben und bestätigen die schweren Verlassenheitsgefühle unseres inneren Kindes und begleiten es durch diese schwere Situation hindurch. Das ist wunderbar! Daraus können sich große Veränderungen ergeben, für die Beziehung zu uns selbst, zu anderen, zu unserem Partner: Vielleicht können wir jetzt in unseren Beziehungen viel mehr Nähe zulassen!

Trotzdem bleibt eine Stimme in unserem Inneren, die uns immer wieder angreift und vernichtend kritisiert. Und vielleicht ist es auch so, dass uns hin und wieder gesagt wird, wir verhielten uns manchmal ausgesprochen herzlos oder wir sprächen vernichtende Urteile über andere aus. Normalerweise schmettern wir solche Aussagen ab und finden hervorragende Begründungen dafür, warum wir recht haben. Doch nun, wenn wir mit dem Kritiker in uns arbeiten und genau hinhören, was er uns so sagt, dann kann es uns dämmern, dass es da einen Teil in uns gibt, den wir bisher nicht wahrhaben wollten. Einen Teil, den wir bisher verboten haben: einen brutalen, herzlosen Teil! Aber dieser Teil gehört zu uns. Und solange er nicht erlaubt ist, solange er nicht in uns sein darf, kann es vorkommen, dass er uns hin und wieder vollkommen beherrscht. Und natürlich für Probleme in unseren Beziehungen sorgt, gerade zu Autoritätspersonen: Wir werfen anderen vor, dass sie herzlos mit uns umgehen, und reagieren mit ungeheurer Heftigkeit darauf. Natürlich, wir können eine solche Herzlosigkeit nicht ertragen, sie ist verboten und darf nicht sein – warum? Weil sie uns in Kontakt mit dem Schmerz unseres inneren Kindes bringt.

Wenn wir nun die Erlaubnis-Imagination mit den verinnerlichten Eltern durchführen und dieses Thema bearbeiten, kann das Ereignis von damals wieder auftauchen. Doch diesmal arbeiten wir zunächst nicht mit unserem inneren Kind und seinen Gefühlen, sondern wir arbeiten mit dem Teil in uns, der sich entschlossen hat, so zu sein, wie es unser Vater war. Wir begrüßen diesen wütenden, so herzlosen Vater. Wir erlauben ihn, so, wie er ist, und wir erlauben auch alles, was er tut. Und wir laden ihn ein, uns spüren zu lassen, wie es ihm in dieser Situation geht.

Als Antwort erleben wir diese Situation von damals aus seiner Perspektive, wir rutschen regelrecht in seinen Körper hinein, und es ist schrecklich: Es ist so eng. Wir fühlen uns, als ob wir eingesperrt seien. Es ist, als seien wir in einem Gefängnis und rüttelten an den Stäben, aber wir können nicht hinaus. Wir haben Angst, hier nie wieder hinauszukommen.

Wir switchen in unser Heutiges Ich und bestätigen diese Erfahrung: »Ich spüre, wie gefangen du dich fühlst. Wie sehr du da hinaus möchtest. Wie viel Angst du hast, hier nie wieder hinauszukommen!«

Dieser Teil zeigt uns bereits das Körpergefühl, das er nicht will. Wir werden ihn einladen, uns spüren zu lassen, was er stattdessen erleben will – bis zur Ebene des Körpergefühls. Wir erfahren vielleicht die Sehnsucht nach Freiheit und spüren dann, wie sich eine tiefe Freude im ganzen Körper ausbreitet. Das ist eine zutiefst bewegende Erfahrung, und wir sagen: »Ah, kein Wunder, dass er sich damals so verhielt. Es war zu schwer für ihn, er war im Grunde gar nicht wütend, er hatte Angst, das war es!«

Eine tiefe Arbeit: Wir söhnen uns mit unserem Vater aus, wir verstehen ihn jetzt. Und obwohl wir diese tiefe, erweiternde Erfahrung machen, geht es uns nicht wirklich gut. Das ist ein wichtiges Gefühl – ein Gefühl, das wir unbedingt ernst nehmen müssen, denn es ist ein Gefühl unseres inneren Kindes.

Immer noch hat unser inneres Kind diese traumatische Erfahrung gemacht. Unserem inneren Kind hilft es keineswegs, wenn wir nun den Verursacher seiner Leiden verstehen und in unser Herz schließen können.

Unser inneres Kind muss noch gerettet werden, das ist der heilende Schritt, und der steht noch aus. Es ist dies der zusätzliche Schritt in der Arbeit mit den verinnerlichten Eltern, der so wichtig ist.

Der heilende Schritt

Nach der Arbeit mit dem Teil, der sich einmal entschieden hat, so wie unser Vater zu werden, und in uns fortan als innerer Kritiker arbeitet, nehmen wir Kontakt auf zu unserem inneren Kind. Ganz so, wie es sich noch in der damaligen Situation befindet: auf der Treppe, verletzt und geschlagen. Wir sagen aus der Position unseres Heutigen Ichs: »Hallo, ja, du bist da! Ich sehe, höre und spüre, wie verletzt du bist, wie einsam und wie traurig! Ja, das darf sein. Es darf sein, dass es jetzt so ist, du darfst das empfinden. Ich bin da, mein Engel, ich bin bei dir, und du kannst mir alles sagen. Ich nehme dich an die Hand, und ich begleite dich in allem, was du empfindest.«

Wir können jetzt eine Ruhe in uns bemerken, die wir vorher noch nicht hatten. Und vielleicht bemerken wir auch eine Weite in uns, die wir so noch nie kennengelernt haben, denn etwas Großartiges ist passiert: Wir erkennen das

Drama unseres Vaters an, *ohne* dass es etwas von dem Drama unseres inneren Kindes wegnimmt. Beides darf sein. Und eigentlich ist dies das Tragische an einem solchen traumatischen Erlebnis: Beides ist zu verstehen, beides ist nachzuempfinden – und dennoch entsteht dieses große Leid.

Diese Tragik in sich zuzulassen, anstatt sich auf eine Seite zu schlagen und die andere zu verdammen, weitet unsere Persönlichkeit. Es darf etwas sein, was bisher bekämpft wurde – es darf etwas in uns sein, was bisher verboten war.

Übung: Die Erlaubnis-Imagination im Körper mit den verinnerlichten Eltern

Die folgende Anleitung führt Sie genau durch jeden Schritt der Erlaubnis-Imagination im Körper, sodass Sie nicht zurückblättern müssen. Sie können sich ganz auf Ihr Erleben einlassen.

Schritt 1: Thema finden

In dieser Übung machen wir die verinnerlichten Eltern zum Thema. Nehmen Sie sich ein bisschen Zeit, und erinnern Sie sich an Erlebnisse, in denen Ihr innerer Kritiker sich deutlich gemeldet hat. Wo Sie beispielsweise durch eine Prüfung gefallen sind oder eine Situation Sie besonders frustriert hat.

Schritt 2: Innerer Kindergarten

Begrüßen Sie alle Gefühle oder Wahrnehmungen, die Sie stören. Sprechen Sie sie als kleine Kinder an, und erlauben Sie ihnen, da zu sein. Sprechen Sie nach innen zu dem

Gefühl: »Ah, da ist ein kleines Kind in mir, das hat jetzt Angst!« (... oder ein anderes Gefühl).

Sie können Ihren Namen anstelle des Wortes Kind setzen: »Ah, da ist ein kleiner ... (oder kleine ...), der (oder die) hat Angst. Hallo! Ja, du bist da! Ich erkenne dich an. Du darfst da sein. Und ich spüre, wie sehr du Angst hast. Ich bin da, und ich nehme dich an die Hand!«

Sie können in dieser Form alles in sich begrüßen, was Sie wahrnehmen.

Schritt 3: Körper-Kontakt

Nehmen Sie sich etwa fünf Minuten Zeit für diese Übung. Lenken Sie Ihre Aufmerksamkeit zunächst in den äußeren Bereich Ihres Körpers:

Füße – Beine – Becken/Kontakt zum Sitz

Rücken – Schultern – Arme – Hände/Kontakt der Hände – Nacken – Kopf

Gehen Sie nun mit Ihrer Aufmerksamkeit in den inneren Bereich Ihres Körpers:

Hals – Brustraum – Bauchraum

Schritt 4: Den inneren Kritiker einladen

Wenn Sie mit den Händen die Positionen unterstützen möchten, legen Sie Ihre dominante Hand auf die Stirn. Denken Sie an das Erlebnis, bei dem Sie Ihren inneren Kritiker gespürt haben. Sprechen Sie nach innen zu Ihrem Bauch: »Ich möchte dich einladen, dich jetzt spüren zu lassen.«

Schritt 5: Den Teil antworten lassen

Wenn Sie mit den Händen arbeiten: Nehmen Sie die Hand

von der Stirn, legen Sie die andere Hand auf Ihren Bauch, und bleiben Sie eine Weile im Bauch.

Seien Sie liebevoll da, während Sie diesem Teil von sich Zeit geben, sich spüren zu lassen. Spüren Sie an den Rand Ihres Erlebens, indem Sie die unklaren, schwachen Empfindungen wahrnehmen. Begrüßen Sie sie, und warten Sie, bis Sie merken, ja, da ist *etwas*. Dann bleiben Sie bei dieser Empfindung, indem Sie sie beschreiben: Wo genau fühle ich es, wie fühlt es sich an? Kommen Bilder, dann begrüßen Sie diese Bilder. Begrüßen Sie auch jede Veränderung, jedes Wandern der Empfindung.

Wenn Sie bemerken, dass mehre Teile auftauchen, begrüßen Sie alle nacheinander und spüren nach, welcher Teil *Ihre Aufmerksamkeit auf sich zieht.* Arbeiten Sie mit diesem Teil, auch wenn es so scheint, als sei es nicht der innere Kritiker. Vielleicht ist es ein Teil, der vorher gehört werden möchte und erst dann den Weg freigibt. Arbeiten Sie immer mit den Teilen, die am dringendsten darum bitten, gehört zu werden.

Lassen Sie sich führen.

Schritt 6: Wie es diesem Teil geht

Während Sie im Kontakt mit dieser Empfindung stehen – gegebenenfalls Ihre Hand auf dem Bauch liegt, während Sie die andere Hand zur Stirn nehmen – sprechen Sie nach innen zu Ihrem Bauch: »Ich möchte dich einladen, mich spüren zu lassen, wie es dir geht ...«

(Nehmen Sie nun die Hand wieder von der Stirn.) Gehen Sie mit Ihrer Aufmerksamkeit in den Bauch.

Wenn Sie spüren, wie es der Empfindung geht, bestätigen Sie es mit einem Wie-Satz. Wenn es sich nicht spüren lässt, sagen Sie: »Ja, es darf sein. Es ist okay.« Fahren Sie trotzdem mit dem nächsten Schritt fort.

Schritt 7: Was dieser Teil nicht möchte

Laden Sie – mit der Hand auf der Stirn oder ohne – die Empfindung ein, Sie nun spüren zu lassen, was sie nicht möchte.

Es ist sehr gut möglich, dass Sie kritikerübliche Sätze zu hören bekommen, zum Beispiel: »Ich möchte nicht, dass du so eine Niete bist!« Begleitend können Erinnerungen an peinliche Situationen oder Misserfolge aufsteigen.

Das können Sie gleich anerkennen: »Ja, aha, ich höre und fühle, wie sehr du nicht möchtest, dass ich eine Niete bin. Ich spüre, wie sehr du nicht möchtest, dass so etwas Peinliches passiert. Wie sehr du nicht möchtest, dass wir Misserfolg haben.«

Dann fragen Sie weiter: »Wenn wir aber doch so eine Niete sind, was ist es dann, was du nicht möchtest? Was ist noch schlimmer?«

Sie können auch fragen: »Ich möchte dich einladen, mich spüren zu lassen, wovor du Angst hast.«

Bestätigen Sie mit Wie-Sätzen, bis Sie dieser Teil das Körpergefühl spüren lässt, das er nicht will.

Es kann sein, dass im Laufe dieser Kette bis hin zum Körpergefühl (wo es nicht mehr weitergeht) Ereignisse unserer Vergangenheit aufsteigen, bei denen wir einmal große Angst verspürten. Dann verliert der Kritiker augenblicklich seinen Schrecken, denn unser inneres Kind tritt hinter der Fassade hervor.

Schritt 8: Was dieser Teil nicht möchte

Laden Sie diesen Teil von sich ein, Sie spüren zu lassen, was er gerne stattdessen erleben möchte.
Bestätigen Sie alles mit Wie-Sätzen, bis er Sie das Körpergefühl spüren lässt, das er erleben will.

Schritt 9: Das innere Kind retten

Laden Sie Ihr inneres Kind ein, sich jetzt spüren zu lassen. Legen sie eine Hand auf Ihren Bauch, auf die Stelle, an der Sie es bemerken. Wenn Sie an einer traumatischen Situation wie in unserem Beispiel gearbeitet haben, gehen Sie mit Ihrem Heutigen Ich hinein, und holen Sie Ihr inneres Kind ab:

»Hallo, ja, du bist da! Ich sehe, höre und spüre, wie verletzt (einsam, traurig ...) du bist! Ja, das darf sein. Es darf sein, dass es jetzt so ist, du darfst das empfinden. Ich bin da, mein Engel, ich bin bei dir, und du kannst mir alles sagen. Ich nehme dich an die Hand, und ich begleite dich in allem, was du empfindest.«

Schritt 10: Einen sanften Abschluss finden

Bedanken Sie sich bei allen Teilen, die sich gezeigt haben, und vor allem bei Ihrem inneren Kind. Bedanken Sie sich für alles, was diese Teile Sie haben wissen und spüren lassen. Bedanken Sie sich bei Ihrem Körper, und kehren Sie mit Ihrer Aufmerksamkeit in den Raum zurück. Schreiben Sie auf, was Sie erlebt haben, und malen Sie, wenn Sie möchten, ein Bild.

Angehört werden heilt

Mit manchen Themen wie diesem, den verinnerlichten Eltern, werden Sie öfter arbeiten. Dabei werden Sie bemerken, dass sich diese Teile von uns verändern, wenn sie angehört werden. Jedes Mal heilt etwas von uns, wenn wir uns in dieser liebevollen Weise nach innen wenden.

Die Arbeit mit der Erlaubnis-Imagination muss nicht immer spektakulär verlaufen, sie kann auch leise geschehen, mit kleineren Bewegungen. Und wenn ein Teil von uns nach einer weniger intensiven Übung meint, dass nichts Besonderes passiert und die Arbeit bedeutungslos gewesen sei, so können wir ihn liebevoll begrüßen und ihm erlauben, da zu sein. Unabhängig davon sind wir dennoch liebevoll für eine Weile nach innen gegangen und haben den Boden sicherer gemacht – tragfähiger.

Da Sie diese Übung unter Umständen also öfter ausführen, erfolgt hier für einen schnelleren Zugriff eine Kurzanleitung.

Kurzanleitung: Die Erlaubnis-Imagination im Körper mit den verinnerlichten Eltern

Schritt 1: Thema finden

Erinnern Sie Erlebnisse, bei denen Ihr innerer Kritiker sich deutlich gemeldet hat.

Schritt 2: Innerer Kindergarten

Begrüßen Sie nun alle jene Gefühle oder Bestrebungen, die Sie im Augenblick stören. Sprechen Sie sie als innere Kinder an, und nehmen Sie jedes einzelne Kind liebevoll an die Hand.

Schritt 3: Körper-Kontakt

Nehmen Sie sich etwa fünf Minuten Zeit für diese Übung: Füße – Beine – Becken/Kontakt zum Sitz – Rücken – Schultern – Arme – Hände/Kontakt der Hände – Nacken – Kopf – Inneres des Halses – Brustraum – Bauchraum

Schritt 4: Den inneren Kritiker einladen

Denken Sie an das Erlebnis, wo Sie Ihren inneren Kritiker gespürt haben. Sprechen Sie nach innen hinunter in den Bauch: »Ich möchte einladen, dich jetzt spüren zu lassen.«

Schritt 5: Diesen Teil antworten lassen

Begrüßen Sie die Empfindung. Bleiben Sie bei ihr, indem Sie sie beschreiben.

Wenn Sie merken, dass mehrere Teile auftauchen, begrüßen Sie alle nacheinander. Erspüren Sie, welcher Teil *Ihre Aufmerksamkeit auf sich zieht.*

Schritt 6: Wie es diesem Teil geht

Sprechen Sie nach innen zu Ihrem Bauch: »Ich möchte dich einladen, mich spüren zu lassen, wie es dir geht ...«

Gehen Sie mit Ihrer Aufmerksamkeit in den Bauch. Bestätigen Sie mit einem Wie-Satz.

Schritt 7: Was dieser Teil nicht möchte

Laden Sie diesen Teil ein, Sie spüren zu lassen, was er nicht möchte. Bestätigen Sie mit Wie-Sätzen, bis Sie auf der Ebene des Körpergefühls angelangt sind.

Schritt 8: Was dieser Teil möchte

Laden Sie den Teil ein, Sie spüren zu lassen, was er gerne stattdessen erleben möchte.

Bestätigen Sie alles mit Wie-Sätzen, bis er Sie das Körpergefühl spüren lässt, das er erleben will.

Schritt 9: Das innere Kind retten

Laden Sie Ihr inneres Kind ein, sich spüren zu lassen. Legen Sie eine Hand auf Ihren Bauch, wo Sie es spüren können. Bei der Arbeit an einer traumatischen Situation:

Gehen Sie mit Ihrem Heutigen Ich hinein, und holen Sie Ihr inneres Kind ab: »Hallo, ja, du bist da! Ich sehe, höre und spüre, wie verletzt (einsam, traurig ...) du bist! Ja, das darf sein. Es darf sein, dass es jetzt so ist, du darfst das empfinden. Ich bin da, mein Engel, ich bin bei dir, und du kannst mir alles sagen. Ich nehme dich an die Hand, und ich begleite dich in allem, was du empfindest.«

Schritt 10: Einen sanften Abschluss finden

Bedanken Sie sich bei allen Teilen, vor allem bei Ihrem inneren Kind. Bedanken Sie sich bei Ihrem Körper, und kehren Sie mit Ihrer Aufmerksamkeit in den Raum zurück. Schreiben Sie auf, was Sie erlebt haben, und malen Sie, wenn Sie möchten, ein Bild.

Kapitel 9

Krankheit, das innere Kind und radikale Erlaubnis

Wenn wir einen grippalen Infekt mit Schnupfen und Husten bekommen, so sind wir zwar eingeschränkt, aber wir können die Dauer unserer Erkrankung absehen. Wir können so weitermachen wie bisher. Wenn wir an einer schweren Erkrankung leiden, die uns erheblich einschränkt, zum Beispiel an einer autoimmunen Erkrankung oder an Krebs, und wir vor eine Diagnose gestellt werden, die uns mit der Endlichkeit unseres Lebens konfrontiert, dann ist allerdings nichts mehr so, wie es war. Wir können nicht so weitermachen wie bisher, ob wir wollen oder nicht.

Der Raum der Erlaubnis

Wenn wir schwer oder dauerhaft erkranken, brauchen wir Freunde, die uns erlauben, krank zu sein. Freunde, in deren Anwesenheit der Raum so weit wird, dass wir darin sein können, wie wir sind. Wir brauchen ebenfalls einen Therapeuten, der uns zustimmt, wie wir jetzt gerade sind. Einen Therapeuten, der selbst nicht unter dem Druck steht, dass wir gesund werden müssen – und dadurch auch keinen Druck auf uns ausübt. Dieser Raum, der sich auftut, wenn alles sein darf, ohne dass es verändert werden muss, ist heilend.

Wir befassen uns in diesem Kapitel damit, wie wir einen solchen Raum der Erlaubnis schaffen können.

Krankheit und Schuld

Wir leiden nicht nur unter den Einschränkungen, die uns die Krankheit auferlegt. Wir leiden zusätzlich an der Sinnlosigkeit der Erkrankung. Und wir verzweifeln daran, einem Schicksal der Einschränkung ausgeliefert zu sein. Diesem Ohnmachtsgefühl entgehen wir jedoch, wenn wir uns schuldig sprechen. Dann sind wir es, die die Krankheit hervorgebracht haben – und sie auch beeinflussen können. Dadurch gewinnen wir etwas an Macht zurück, doch nun leiden wir unter Schuldgefühlen: Was haben wir bloß falsch gemacht, dass es so kommen musste? Was machen wir falsch, dass wir nicht gesund werden?

Manche Leute unterstützen uns darin. Sie bestätigen uns in der Annahme, die Krankheit wolle uns etwas Bestimmtes mitteilen. Sie ergründen mit uns, was wir falsch gemacht haben und was wir jetzt richtig machen müssen, um gesund zu werden. In Wahrheit sagen sie uns in wohlmeinender Absicht, was wir uns schon selbst sagen: Wir sind schuld! Etwas stimmt nicht mit uns.

Kommt uns das nicht bekannt vor?

Ja, natürlich: Der innere Kritiker, die verinnerlichten Eltern, sprechen so, und in unserer Kindheit taten es die bedingt liebenden Eltern und gaben uns das Gefühl, nicht in Ordnung zu sein. Sie lehrten uns, unser inneres Kind zu verlassen.

Wenn wir also schwer oder dauerhaft erkranken, dann bekommen wir es mit den Gefühlen unseres verlassenen inneren Kindes zu tun. Vor diesen Gefühlen schützen wir uns, wenn wir uns mit den verinnerlichten Eltern identifizieren und uns schuldig sprechen. So vermeiden wir, uns den Gefühlen unseres verlassenen inneren Kindes zu stellen. Wir vermeiden, seine Gefühle anzuerkennen und sie zu begleiten. Das jedoch hält uns im Konflikt fest, es verhindert die Veränderung.

Wenn wir so tun wollen, als gäbe es keinen Konflikt in uns, wenn wir stark sein und an unsere Gesundung glauben wollen, verlieren wir den Kontakt zu unserer Innenwelt. Wir leugnen den Teil in uns, der verzweifelt ist, der wütend ist – und der vielleicht aufgeben möchte. Dann wissen wir nicht, wer wir sind. Wir identifizieren uns mit einem Anteil von uns und schließen einen anderen aus. Wir sind nicht ganz.

Eigentlich sind wir nicht krank

Wir sind nicht krank, *etwas in uns* ist krank geworden, das ist ein großer Unterschied. Und etwas anderes in uns fühlt sich sehr allein, verlassen. Und dann ist da noch unser Heutiges Ich, das sich vielleicht gerade zurückgezogen hat. Unser Heutiges Ich kommt in seine Stärke, wenn es diesen Teilen in uns zu dem Gegenüber wird, das wir uns wünschen und das wir brauchen.

Wir haben also zwei innere Teile, die angehört werden wollen und die in unserem Heutigen Ich ein starkes Gegenüber brauchen.

Wir wollen einmal diese Konstellation räumlich abbilden, dazu benutzen wir die Stellvertreter-Zettel. Es ergibt sich folgendes Bild:

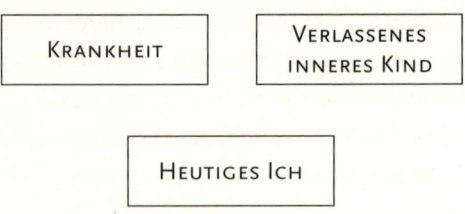

Wenn Sie in die Position der Krankheit gehen, kann das eine sehr erhellende Erfahrung sein: Wie geht es Ihrer Krankheit eigentlich?

Sie spüren sich auf die Krankheit ein, indem Sie daran denken, was alles mit der Krankheit zusammenhängt, und nehmen sich die Zeit, ein Bauchgefühl kommen zu lassen. Das kennen wir schon: »Ah, ja, da ist *etwas* wahrnehmbar, ein *Etwas*, von dem ich nicht weiß, was genau es ist.«

Sie legen eine Hand auf Ihren Bauch, auf die Stelle, wo Sie die Empfindung spüren, und treten in die Position der Krankheit ein. Laden Sie diesen Teil, der krank ist, ein, Sie spüren zu lassen, wie es ihm geht.

Vielleicht spüren Sie eine Traurigkeit, vielleicht Einsamkeit. Legen Sie eine Hand auf die Stirn, und sprechen Sie zur Krankheit: »Ich höre und spüre, wie einsam du dich fühlst.«

Sie können jetzt beide Hände auf dem Körper haben und diesen Strom des Mitgefühls und der Liebe fließen lassen. Vielleicht zeigt Ihnen nun die Krankheit eine Erinnerung, wie Sie als Kind dieses Gefühl erlebt haben.

Jetzt sind wir bei Ihrem inneren Kind, jetzt können Sie Ihr inneres Kind, das sich hinter der Krankheit verborgen hielt, durch den Prozess begleiten.

Bestätigen Sie seine Erfahrung, seine Gefühle und laden Sie es ein, Sie spüren zu lassen, was es nicht will – bis zur Ebene des Körpergefühls. Danach laden Sie es ein, Sie spüren zu lassen, was es stattdessen erleben will.

Für den schnellen Zugriff auf diese Übung finden Sie die Kurzanleitung am Ende des Kapitels.

In diesem Prozess ist Ihr inneres Kind hinter der Krankheit hervorgetreten. Die Positionen Krankheit und inneres Kind werden hier zu einer Position, denn es ist Ihr inneres Kind, das krank geworden ist. Aus der Position unseres Heutigen Ichs erlauben wir die Gefühle unseres kranken inneren Kindes und erkennen sie an. Wir lassen unser krankes inneres Kind alles sagen, was zu sagen ist, und während wir zuhören und es bestätigen und unsere Liebe zu ihm fließen lassen, heilt es.

Diese beiden Positionen, Krankheit und inneres Kind, werden aber nicht immer zu einer Position. Nicht immer ist es das innere Kind, das krank wird. Es kann auch passieren, dass Sie in der Position der Krankheit etwas Fremdes spüren, etwas Unklares, dem Sie sich kaum annähern können. Wenn Sie dann die Positionen wechseln und in die Position des inneren Kindes gehen, so spüren Sie, wenn Sie in der Rolle Ihres inneren Kindes zur Krankheit hinübersehen, vielleicht eine große Angst. Switchen Sie zum Heutigen Ich, und erkennen Sie an, was Ihr inneres Kind in Bezug zur Krankheit empfindet. Denn es braucht uns, die Begleitung und Führung unseres Heutigen Ichs, um mit diesen schwierigen Gefühlen umgehen zu können.

Wir begleiten unser inneres Kind durch seine Gefühle, wir erspüren, was es nicht will und was es gerne will. Dadurch verändert sich unser Blickwinkel auf die Krankheit. Wir erfahren uns, unser inneres Kind, nicht *durch* die Krankheit, sondern *an* der Krankheit – im Angesicht der Krankheit. Verändert das die Krankheit, macht es uns gesund?

Vielleicht nicht. Aber wenn wir angesichts der Krankheit bei unserem inneren Kind sind, dann werden wir an der Krankheit ganz. Das kann uns sehr viel Kraft geben. Es kann uns eine einzigartige Stärke verleihen, wenn wir mit unserem inneren Kind zusammenbleiben, während wir unser Schicksal erfüllen.

Das ist etwas anderes, als gegen die Krankheit zu kämpfen. Anstatt auf den Teil, der krank ist, Druck auszuüben, dass er sich verändern muss, erlauben wir ihn – wir erlauben die Krankheit. Wir erlauben ihr zu sein, wie sie ist, und wir erlauben ihr, ihren Lauf zu nehmen. Das heißt jedoch nicht, dass wir die Krankheit nicht behandeln lassen. Wir können die von unserem Heutigen Ich für notwendig befundenen Schritte mit unserem inneren Kind abgleichen und erspüren, mit welcher Behandlung es unserem inneren Kind besser gehen würde. Aber während wir uns behandeln lassen, während sich die Krankheit verändert oder nicht, bleiben wir ganz nah bei unserem inneren Kind: Wir bestätigen und anerkennen seine Gefühle und lassen die Liebe zu ihm fließen.

Kurzanleitung: Erlaubnis-Imagination mit einer Krankheit

Schritt 1: Die Positionen auslegen

Beschreiben Sie drei Zettel, und legen Sie sie in der folgenden Weise im Raum aus:

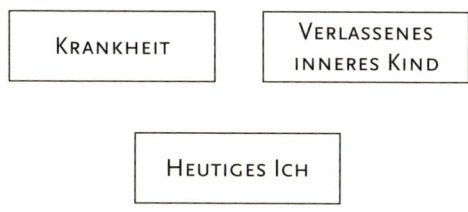

Schritt 2: In die Position der Krankheit gehen

Spüren Sie sich auf die Krankheit ein, indem Sie daran denken, was alles mit der Krankheit zusammenhängt.
Nehmen Sie sich die Zeit, ein Bauchgefühl kommen zu lassen.

Legen Sie eine Hand auf Ihren Bauch, an die Stelle, an der Sie die Empfindung spüren, und treten Sie in die Position der Krankheit ein. Laden Sie diesen Teil, der krank geworden ist, ein, Sie spüren zu lassen, wie es ihm geht.

Schritt 3: Mit der Krankheit sprechen

Legen Sie eine Hand auf die Stirn, und sprechen Sie hinunter zu der Empfindung in Ihrem Bauch, die dort gerade entsteht. Bestätigen Sie mit einem Wie-Satz. (Sie können beide Hände auf dem Körper haben und diesen Strom des Mitgefühls fließen lassen.)

a) Wenn Sie merken, dass es Ihr inneres Kind ist, können Sie mit Schritt 4 fortfahren.

b) Wenn sich Ihr inneres Kind nicht auf dieser Position zeigt, Sie etwas Fremdes und Nicht-Greifbares spüren, so switchen Sie in die Position Ihres inneren Kindes und schauen von dort auf die Krankheit. Wie geht es Ihrem inneren Kind, wenn es zur Krankheit schaut?

Schritt 4: Was das innere Kind nicht will

Arbeiten Sie nun mit Ihrem inneren Kind, entweder mit Hilfe Ihrer Hände, um die Positionen im Körper zu markieren, oder indem Sie die Positionen auf dem Zettel einnehmen und zwischen ihnen switchen.

Bestätigen Sie aus der Position Ihres Heutigen Ichs die Erfahrungen und die Gefühle Ihres inneren Kindes, und laden Sie es ein, Sie spüren zu lassen, was es nicht will – bis zur Ebene des Körpergefühls. Benutzen Sie die Kette: »... wenn aber ... doch passiert, was ist es, was du dann nicht erleben möchtest? Was ist das noch Schlimmere?«

Schritt 5: Was das innere Kind will

Fragen und spüren Sie nach, was Ihr inneres Kind stattdessen will. Bilden Sie die bekannte Kette: »... und wenn du ... erlebst, was kannst du dann erleben?«

Schritt 6: Einen sanften Abschluss finden

Bedanken Sie sich bei der Krankheit und bei Ihrem inneren Kind für das, was sie Ihnen gezeigt haben. Vielleicht möchten Sie aufschreiben, was Sie erfahren haben, und ein Bild malen.

Kapitel 10

Schnelle Erlaubnis-Imagination in Krisensituationen

Es gibt Situationen, in denen wir von unseren Gefühlen überwältigt werden und es uns für eine Weile nicht mehr gelingt, aus diesem aufgelösten Zustand herauszufinden. Wir erfahren zum Beispiel eine schwere Kränkung am Arbeitsplatz, wir werden von einem vermeintlichen Freund betrogen, oder man attackiert uns auf ungerechte Weise. Was immer der Auslöser ist, in uns tobt ein Chaos von Gefühlen.

Normalerweise stehen uns Tage oder Wochen bevor, in denen dieser Konflikt in uns arbeitet, in denen wir uns jeden Morgen fragen: »Ist es noch da?« – »Ja, es ist!«, lautet die Antwort.

Nach einer Weile legt sich eine Schicht über diese Wunde, und es kehrt wieder eine gewisse Ruhe ein. Unter der Oberfläche aber schwelt der Konflikt weiter, die Wunde kann, wenn die entsprechenden Bedingungen auftreten, wieder aufreißen.

Wir können diesen Prozess ganz erheblich verdichten und verkürzen, vor allem aber können wir ihn zu einem Abschluss bringen.

Der Konflikt in uns besteht darin, dass wir ein bestimmtes Gefühl nicht wollen und es deshalb bekämpfen. Wir wollen zum Beispiel nicht wahrhaben, dass uns jemand verletzt, traurig oder wütend gemacht hat.

Anders gesagt, der Konflikt in uns besteht darin, dass unser inneres Kind Gefühle hat, die wir verbieten und nicht wahrhaben wollen. Um wieder bei uns anzukommen, bei unserem inneren Kind und seinen Gefühlen, müssen wir zurück in unseren Körper. Denn dort wohnt unser inneres Kind.

Wenn Sie also in eine solche Krise geraten, nehmen Sie sich eine Auszeit, sobald sich die nächste Möglichkeit bietet.

Bis dahin können Sie Ihr inneres Kind an die Hand nehmen: Stellen Sie sich das wirklich vor, wie Sie den kleinen oder die kleine … (Ihr Vorname) an die Hand nehmen. Der Kleine ist ganz aufgewühlt, ihm ist etwas Schlimmes passiert. Sagen Sie dem Kleinen in sich: »Ich bin da, Schätzchen, ich bin bei dir. Ich spüre, wie aufgewühlt du bist, und ich kümmere mich darum.«

Da dies ein Versprechen an Ihr inneres Kind ist, sollten Sie es unbedingt einhalten und später mit Ihrem inneren Kind tatsächlich an dieser Situation arbeiten. Wenn sich die Wogen auch in der Zwischenzeit möglicherweise geglättet haben, halten Sie trotzdem Ihr Versprechen ein. Dadurch wächst das Vertrauen Ihres inneren Kindes zu Ihnen.

Wichtig ist es bis dahin, die Positionen inneres Kind und Heutiges Ich klar zu trennen. Nicht Ihr Heutiges Ich hat diese Gefühle, sondern Ihr inneres Kind. Dadurch bleiben Sie handlungsfähig und frei, und gleichzeitig sind Sie verbunden mit Ihren Gefühlen.

Wenn Sie die Gelegenheit zur Auszeit gefunden und einen sicheren Rahmen hergestellt haben, beginnen Sie mit der Übung innerer Kindergarten. Begrüßen Sie Ihre inneren Kinder: »Da ist ein ... (Ihr Vorname) in mir, der ist wütend. Hallo, ja, du bist da. Ich spüre, wie wütend du bist, es darf sein, du gehörst mit zu mir, und ich nehme dich an die Hand. Ah, da ist noch etwas: Da ist auch ein ... (Ihr Vorname) in mir, der fühlt sich verletzt. Hallo, ja, du bist da. Ich höre und spüre, wie verletzt du bist, es darf sein, du gehörst mit zu mir, und ich nehme dich an die Hand.«

Verfahren Sie so, bis Sie alles begrüßt und anerkannt haben, was Sie an Gefühlen in sich vorfinden. Meist sieht die Welt danach schon ganz anders aus, und Sie fühlen sich ruhiger. Vielleicht hatte eines der Gefühle, die Sie begrüßt haben, eine besonders starke Energie, und Sie empfinden die Notwendigkeit, mit diesem Gefühl zu arbeiten. Sie können es sich schon einmal als Thema vormerken, zuvor sollten Sie aber noch die Übung Körper-Kontakt durchführen, um ganz in Ihrem Körper anzukommen.

Wenn Sie im Bauch angekommen sind, dann benutzen Sie bitte für die nächsten Schritte Ihre Hände, um die Positionen, aus denen Sie sprechen, zu begleiten.

Ganz gleich, wie geübt Sie bereits sind: In Krisenzeiten, in denen die Gefühle in uns toben und uns jederzeit überwältigen können, ist es besonders wichtig, die Positionen unseres Heutigen Ichs und unseres inneren Kindes klar auseinanderzuhalten.

Legen Sie also Ihre dominante Hand auf die Stirn, und sprechen Sie nach innen hinunter in den Bauch zu Ihrem inneren Kind: »Hallo, jetzt bin ich ganz für dich da. Jetzt kümmere ich mich um dich. Ich möchte dich einladen, mich spüren zu lassen, wie es dir mit dieser Situation geht.« (Fügen Sie ein bezeichnendes Wort ein, zum Beispiel: Betrug von ...)

Nehmen Sie die Hand von der Stirn, und legen Sie Ihre nicht-dominante Hand auf Ihren Bauch. Dann lassen Sie Ihrem inneren Kind Zeit und bleiben mit Ihrer Aufmerksamkeit in Ihrem Bauch. Meist ist es zunächst eine unangenehme, unklare Empfindung. Begrüßen Sie diese, sagen Sie: »Hallo, ja, du bist da!«

Danach folgen die Schritte, die Sie schon aus den vorhergehenden Übungen kennen und vielleicht sogar schon verinnerlicht haben. Es folgt eine komplette Anleitung der einzelnen Schritte.

Übung:
Schnelle Erlaubnis-Imagination in einer Krise

Bis sich die Gelegenheit für eine Auszeit findet, stellen Sie sich vor, wie Sie Ihr inneres Kind an die Hand nehmen, und sprechen Sie innerlich zu ihm: »Ich bin da, Schätzchen, ich bin bei dir. Ich spüre, wie ... (wählen Sie ein passendes Wort für Ihren Zustand, zum Beispiel: aufgewühlt, wütend etc.) du bist, ich kümmere mich darum!«

Führen Sie bei nächster Gelegenheit die folgenden Schritte durch.

Schritt 1: Innerer Kindergarten

Schritt 2: Körper-Kontakt

Schritt 3: Wie es dem inneren Kind mit dem Thema geht

Markieren Sie mit Ihren Händen die Positionen. Wenn Sie aus Ihrem Heutigen Ich sprechen, liegt Ihre dominante Hand auf der Stirn, wenn Sie aus der Position Ihres inneren Kindes sprechen, auf dem Bauch. Wenn Sie mit Ihrem inneren Kind mitfühlen und Wie-Sätze aussprechen, liegen beide Hände auf den Positionen.

Legen Sie also Ihre dominante Hand auf die Stirn, und sprechen Sie zu Ihrem inneren Kind: »Hallo, jetzt bin ich ganz für dich da. Jetzt kümmere ich mich um dich. Ich möchte dich einladen, mich spüren zu lassen, wie es dir mit dieser Situation (ein bezeichnendes Wort, zum Beispiel: Betrug von ...) geht.«

Nehmen Sie die Hand von der Stirn, und legen Sie Ihre nicht-dominante Hand auf Ihren Bauch. Lassen Sie Ihrem inneren Kind Zeit, mit einer Empfindung zu antworten. Begrüßen Sie die Empfindung, und bleiben Sie bei ihr, indem Sie sie beschreiben.

Dann nehmen Sie die Stirnhand hinzu und bestätigen die Empfindung mit einem Wie-Satz.

Wenn es sich nicht spüren lässt, sagen Sie: »Ja, es darf sein. Es ist okay.« Fahren Sie trotzdem mit dem nächsten Schritt fort.

Schritt 4: Was das innere Kind nicht möchte

Laden Sie Ihr inneres Kind ein, Sie spüren zu lassen, was es nicht möchte. Bestätigen und anerkennen Sie die Antwort mit einem Wie-Satz. Dann sagen Sie: »Und wenn das aber doch passiert, was ist es, was du dann nicht erleben möchtest? Was ist das noch Schlimmere?«

Tun Sie das, bis Sie auf der Ebene des Körpergefühls angelangt sind.

Schritt 5: Was das innere Kind möchte

Laden Sie Ihr inneres Kind ein, Sie spüren zu lassen, was es
gerne stattdessen erleben möchte.

Bestätigen Sie alles mit Wie-Sätzen, bis Sie das Körpergefühl spüren lässt, dass es erleben will.

Genießen Sie dieses Gefühl, feiern Sie es.

Wenn es abebbt, legen Sie eine Hand auf die Stelle, an
der Sie es am intensivsten spüren konnten. Später können
Sie durch diese Berührung das Gefühl wieder aktivieren.

Schritt 6: Einen sanften Abschluss finden

Bedanken Sie sich bei Ihrem inneren Kind. Bedanken Sie
sich für alles, was es Sie hat wissen und spüren lassen. Bedanken Sie sich bei Ihrem Körper, und kehren Sie mit Ihrer
Aufmerksamkeit in den Raum zurück. Schreiben Sie auf,
was Sie erlebt haben, und malen Sie, wenn Sie möchten,
ein Bild.

Kapitel 11

Die Erlaubnis-Imagination in Lebenskrisen und therapeutische Hilfe

In Zeiten schwerer Krisen gerät unser Selbstbild ins Wanken, und wir verlieren den Boden unter den Füßen. Unser Heutiges Ich weicht zurück und überlässt das Terrain dem verlassenen inneren Kind, das jetzt schutzlos der Außenwelt ausgeliefert ist. Ganz wie ein verlassenes Kind fühlen wir uns ungeliebt und unverstanden. Wir sind voller Ängste und glauben, dass im Grunde etwas mit uns nicht in Ordnung ist.

Es sind nicht mehr Gefühle, die wir *haben*, sondern die wir *sind*. Wir vermögen es nicht mehr, *bei* diesen Gefühlen zu sein – wir *sind* sie ganz.

Das geschieht in Lebenskrisen, wenn uns zum Beispiel ein geliebter Partner verlässt oder wenn der Tod eine uns nahestehende Person aus dem Leben reißt. Solche Krisen treten ein, wenn uns Ereignisse treffen, die wir mit unserem bisherigen Verständnis von uns selbst, unserem Ich-Bild, nicht mehr vereinbaren können.

Dieser Zustand, ganz von den Gefühlen unseres verlassenen inneren Kindes besetzt zu sein, ist größte Qual. Diese Qual (nicht die Krise) ist beendet, wenn wir diese Gefühle als die Gefühle unseres inneren Kindes erkennen und die

Position gegenüber, die unseres Heutigen Ichs, wieder be-
setzen. Das kann manchmal ganz schnell geschehen, es
ist dann wie das Umstellen einer Weiche, ein Ruck, und
wir sind wieder in unserem Körper. Wenn wir eine solche
plötzliche Rückkehr in den Körper erleben, empfinden wir
das wie eine Gnade. Wir sind unendlich dankbar, denn wir
können uns wieder fühlen. Wir können wieder spüren, wer
wir wirklich sind.

Sobald das geschieht, machen auch wieder äußere
Schritte Sinn: Wir können wieder handeln und die notwen-
digen Veränderungen einleiten. So bewegen wir uns langsam aus der Krise heraus, und wir haben in uns etwas kennengelernt, das wir an uns noch nicht kannten. Wir sind
weiter geworden. Wir sind an der Krise gewachsen.

Wenn wir dagegen von den Gefühlen unseres inneren verlassenen Kindes überwältigt sind, sind unsere Handlungen
und Veränderungen sinnlos. In der Tat macht nichts Sinn,
und das spüren wir auch.

Das ist es, was uns so verzweifeln lässt. Wir wissen, dass
nichts hilft.

In einer solchen Verfassung zu verbleiben und die Qual
zu erleiden bringt uns nicht weiter. Deswegen ist es notwendig, sich helfen zu lassen.

Idealerweise finden wir jemand, der uns hilft,

a) die Positionen des inneren Kindes und des Heutigen
Ichs klar voneinander zu trennen,

b) unser Heutiges Ich kurzfristig so zu stützen, dass es
sich von den Gefühlen des inneren Kindes berühren lassen
kann und beginnt, das innere Kind durch diese Gefühle zu
begleiten.

Weniger hilfreich ist eine Therapie, die uns für längere Zeit in den Gefühlen des verlassenen inneren Kindes belässt, uns damit schwächt und unnötig leiden lässt.

Bei schweren psychischen Krankheitsbildern, wo das Heutige Ich mit seiner ordnenden Struktur nicht mehr oder kaum anwesend ist, kann diese Arbeit nicht oder nur unter den besonderen Bedingungen einer Klinik durchgeführt werden. Hier muss zunächst das Heutige Ich etabliert und stabilisiert werden, bevor es dem inneren Kind ein Gegenüber sein kann.

Kapitel 12

Das innere Kind träumt

Es ist alles verdreht ..., aber gut
Robin über Picasso

Wenn wir schlafen, zieht sich unser Heutiges Ich zurück, und unser inneres Kind erfüllt unsere Innenwelt. Wir sind im Traum eins mit unserem inneren Kind und erleben die Welt aus seiner Sicht, einer einzigartigen Perspektive, denn niemand auf der ganzen Welt träumt so, wie wir es tun, niemand träumt so, wie genau unser inneres Kind es tut. Insofern sind unsere Träume etwas Einzigartiges, etwas ganz Besonderes, denn in ihnen zeigt sich die Welt unseres inneren Kindes.

Wir müssen unsere Träume nicht verstehen, und wir müssen sie nicht deuten. Aber wir können unser inneres Kind lieben, indem wir unsere Träume lieben. Wir vertiefen so unsere Beziehung zu unserem inneren Kind.

Wir können die Welt unseres inneren Kindes anerkennen, indem wir unsere Träume, so, wie sie sind, anerkennen und bestätigen. Wir können uns von ihnen berühren und bewegen lassen, sie in uns hineinsinken lassen. Wenn wir dagegen unsere Träume deuten und mit den Mitteln unseres Heutigen Ichs verstehen wollen, reduzieren wir unsere Träume, wir entwerten sie. Wenn wir eine Botschaft herausdestillieren wollen, die wir verstehen können, nehmen wir unseren Träumen ihre Form, die sie so einzigartig macht.

Wenn wir uns unseren Träumen auf eine liebevolle Weise zuwenden, das heißt, sie erlauben und anerkennen, dann erinnern wir sie immer genauer und werden von der Fülle fasziniert sein, mit der wir jede Nacht in Kontakt kommen.

Unsere Träume zu erinnern, sie in uns wirken und in den Körper hinabsinken zu lassen verändert uns. Es ist schwer zu beschreiben, was sich eigentlich verändert. Es entsteht ein Gefühl, mit sich verbunden zu sein, eine gewisse Geborgenheit in uns selbst, von der wir wissen, dass sie da ist. Wenn wir jedoch dieses Geborgenheitsgefühl erfassen wollen, entzieht es sich uns. Wir können es also nicht fassen, nicht greifen – aber erfahren.

Wie wir unsere Träume erinnern

Diese liebevolle Haltung bewirkt sehr viel: Wenden Sie sich vor dem Einschlafen bewusst Ihren Träumen zu, indem Sie sich fragen, was Sie wohl diese Nacht träumen werden. Seien Sie neugierig und gespannt darauf, was kommen wird. Legen Sie sich einen Block mit einem Stift zur Seite, oder legen Sie sich am besten ein Traumbuch an. Auf jeden Fall sollten Sie sofort losschreiben können, wenn Sie aufwachen.

Sobald Sie aufwachen, beginnen Sie also aufzuschreiben, was Sie von Ihrem Traum noch erinnern und was Ihnen zu ihm einfällt. Das kann ein paar Nächte dauern, bis es zur Gewohnheit geworden ist, Sie tun es dann automatisch, und Sie werden immer mehr erinnern. Wichtig ist, dass Sie zwischen dem Aufwachen und dem Aufschreiben keine Zeit verlieren.

Sie werden schnell bemerken, dass Sie einen Wasserhahn geöffnet haben: Es fließt immer mehr nach. Jeden Morgen fließt es in Strömen, und Sie können gar nicht so viel aufschreiben, wie nachfließt. Sie können nicht alles erfassen, es kommt immer noch mehr, also versuchen Sie es erst gar nicht. Nehmen Sie, was kommt und was Sie fasziniert oder bewegt, und genießen Sie diese Welt. Und lassen Sie die Bilder, Gefühle und Eindrücke hinunter in Ihren Bauch sinken. Man könnte sagen, Ihr inneres Kind dort im Bauch merke, dass Sie seine Träume anerkennen und wahrnehmen. Und es freut sich darüber, dass Sie seine Welt erlauben. Es entwickelt Vertrauen zu Ihnen.

Wenn in Ihrem Traum Motive vorkommen, die Sie beunruhigen oder über die Sie mehr wissen wollen, dann können Sie Ihrem inneren Kind diese Motive zeigen und es einladen, Sie mehr dazu spüren zu lassen. Wenn Sie etwas über Ihre Träume wissen wollen, verzichten Sie bitte auf das Interpretieren und Deuten, sondern wenden Sie sich damit an Ihr inneres Kind. Wir benutzen dazu die Erlaubnis-Imagination im Körper und verwenden als Thema das Traummotiv, das uns besonders interessiert. Für den schnellen Zugriff erfolgt hier die Kurzanleitung:

Kurzanleitung:
Erlaubnis-Imagination im Körper zu einem Traummotiv

Schritt 1: Motiv finden und griffig machen

Schritt 2: Innerer Kindergarten

Schritt 3: Körper-Kontakt

Schritt 4: Thema an Ihr inneres Kind senden

»Ich möchte dich einladen, mich spüren zu lassen, wie es dir mit ... (Motiv) geht.«

Schritt 5: Inneres Kind antworten lassen

Bleiben Sie eine Weile mit Ihrer Aufmerksamkeit im Bauch, und beschreiben Sie sich die Empfindung, die kommt.

Schritt 6: Wie es dem inneren Kind geht

Sprechen Sie mit der Empfindung: »Ich möchte dich einladen, mich spüren zu lassen, wie es dir gerade geht ...«
Bestätigen Sie mit einem Wie-Satz.

Schritt 7: Was das innere Kind nicht möchte

Laden Sie Ihr inneres Kind ein, Sie spüren zu lassen, was es nicht möchte.
   Bestätigen Sie mit Wie-Sätzen, bis Sie das innere Kind das Körpergefühl spüren lässt, das es nicht will.

Schritt 8: Was das innere Kind möchte

Laden Sie Ihr inneres Kind ein, Sie spüren zu lassen, was es gerne stattdessen erleben möchte.

Bestätigen Sie mit Wie-Sätzen, bis das innere Kind Sie das Körpergefühl spüren lässt, das es will.

Genießen Sie dieses Gefühl, feiern Sie es.

Wenn es abebbt, legen Sie eine Hand an die Stelle, an der Sie es am intensivsten spüren konnten. Später können Sie durch diese Berührung das Gefühl wieder aktivieren.

Schritt 8: Einen sanften Abschluss finden

Bedanken Sie sich bei Ihrem inneren Kind für alles, was es Sie hat wissen und spüren lassen. Bedanken Sie sich bei Ihrem Körper, und kehren Sie mit Ihrer Aufmerksamkeit in den Raum zurück. Schreiben Sie auf, was Sie erlebt haben, und malen Sie, wenn Sie möchten, ein Bild.

Kapitel 13

Die »äußeren« Eltern und Kinder

Äußere Eltern

Wenn wir mehr und mehr lernen, unserem inneren Kind die liebevollen und starken Eltern zu werden, die es sich schon immer gewünscht hat und die es braucht, dann entschärft sich die Beziehung zu unseren äußeren Eltern.

Die Konflikte mit unseren realen Eltern verlieren an Dramatik, wir beginnen, einen gesunden Abstand zu ihnen zu entwickeln. Und da wir die Gefühle unseres verlassenen inneren Kindes liebevoll begleiten, identifizieren wir uns, wenn wir unseren Eltern begegnen, nicht mehr mit unserem verlassenen inneren Kind. Das heißt, wir können unsere Eltern endlich so lassen, wie sie sind. Und wir können uns gegenüber unseren Eltern abgrenzen und gegebenenfalls in einen Konflikt gehen, ohne Schuldgefühle zu haben. Denn nun schauen wir nicht mehr aus der Perspektive des verlassenen inneren Kindes auf unsere Eltern, die uns nicht das geben, was wir möchten, sondern wir schauen zu unserem inneren Kind und nehmen seine Gefühle ernst. Vor unseren Eltern kommt unser inneres Kind!

Wenn uns unsere Eltern manipulieren wollen (»Du meldest dich ja sowieso nie ...«), bleiben wir bei unserem inneren Kind und erkennen an, wie es ihm damit geht. Wir spüren vielleicht ein unangenehmes Gefühl im Bauch, einen Schmerz und ein Brennen. Dann könnte der erste Impuls sein, dieses Gefühl abzuwehren, indem wir uns rechtfertigen und damit in das Spiel einsteigen (»Wieso, ich habe doch letzte Woche zweimal angerufen ...«). Dann lehnen wir das Gefühl unseres inneren Kindes ab und verlassen es. Wir können diesen Impuls loslassen, indem wir stattdessen bei unserem inneren Kind bleiben und die Empfindungen spüren, die sich in unserem Bauch einstellen.

Und wir bestätigen sie. Innerlich sagen wir: »Ja, mein Schatz, du bist da, ich spüre, wie unwohl du dich jetzt fühlst, ich spüre, wie sehr du dich bedroht fühlst, ja, das darf sein, ich bin bei dir, und ich nehme dich an die Hand.«

Äußerlich tun wir vielleicht nichts, wir reagieren nicht auf die Manipulationen unserer Eltern. Oder wir sagen ihnen, dass wir diese Art Gespräch nicht möchten. Wenn wir dabei bei unserem inneren Kind bleiben, sagen wir es ohne Anklage, sondern mit Gewissheit und Ruhe, wir sagen es aus der Kraft. Es ist nicht so wichtig, was oder ob wir etwas sagen, es gibt hier kein Rezept. Wichtig ist allein, in Kontakt zu unserem inneren Kind und seinen Gefühlen zu bleiben. *Wie* wir dann etwas sagen, *wie* wir sind, das macht den Unterschied.

Wenn unsere Eltern uns weiter unter Druck setzen (»Ich verstehe gar nicht, was du jetzt hast, ich wollte doch nur ...«), dann kann es sein, dass wir merken, dass wir unser inneres Kind, wenn wir in dieser Situation bleiben, bald nicht mehr schützen können. Wir sagen innerlich: »Schätzchen, ich schütze dich und bringe dich jetzt hier weg.« Vielleicht bemerken wir eine spontane Erleichterung. Und während wir in Kontakt mit unserem Bauch bleiben, sagen wir unseren Eltern: »Ich möchte das jetzt nicht. Ich gehe!« Im Kontakt mit unserem inneren Kind sagen wir das in Ruhe und aus der Kraft. Was auch immer unsere Eltern jetzt tun, wenn wir die Verbindung zu unseren Gefühlen im Bauch halten, prallt es an uns ab.

So entsteht ein Abstand zu unseren Eltern, der für uns gesund ist. Unsere Eltern werden zu normalen Menschen: Menschen, die Fehler machen und ihre Grenzen haben. Menschen mit ihrem eigenen Schicksal – einem Schicksal, das wir ihnen zumuten.

Wir müssen sie nicht retten, das ist nicht unsere Aufgabe.

Unsere Aufgabe ist es, unser inneres Kind zu retten und zu schützen. Damit werden wir frei und erfüllen unsere eigene Bestimmung.

Äußere Kinder

Wenn wir selbst Kinder haben, so haben wir das Glück, bei den hervorragendsten Lehrern in Sachen inneres Kind in die Schule zu gehen. Was mit unserem äußeren Kind funktioniert, das funktioniert auch mit unserem inneren Kind. Wir können den liebevollen Umgang mit unserem äußeren Kind genauso praktizieren wie mit unserem inneren, und wir können das, was wir in der einen Beziehung lernen, in die andere übernehmen und umgekehrt. Dadurch entwickeln wir immer mehr Gespür für die Gratwanderung zwischen Mitfühlen und Führen, diese Balance, die für die liebevolle Beziehung zu unserem inneren Kind so bedeutend ist.

Wie wirkungsvoll die radikale Anerkennung von Gefühlen auch bei unserem äußeren Kind ist, erfuhr ich vor kur-
zem, als ich meinen fünfjährigen Sohn Robin von seiner
Mutter abholte: Robin saß weinend hinten im Auto und
wiederholte immerzu: »Ich möchte aber bei meiner Mama
bleiben!«

Das tat mir weh, und mein erster Impuls war, dieses
Gefühl von Schmerz abzuwehren: »Jetzt ist aber Schluss!
Du bist das Wochenende bei mir, und dabei bleibt es!«

Robin *(weint herzzerreißend)*: »Nein! Das will ich nicht!«

Die Idee, Robin zu sagen, wie sehr ich mich die ganze
Woche auf ihn gefreut habe und ob er sich einmal Gedanken machen könne, wie es *mir* damit jetzt gehe, ließ ich vor-
überziehen. Es hätte ihm nur Schuldgefühle eingeimpft.
Stattdessen, ganz so, wie ich es mit meinem inneren Kind
übe, sagte ich: »Ja, Robin, ich höre und spüre, wie weh dir
das jetzt gerade tut.«

Robin: »Ja, das tut ganz doll weh. Ich will zu meiner
Mama!«

Ich: »Und wie sehr du zu deiner Mama möchtest!«

Robin: »Ja, genau, das möchte ich!«

Ich: »Ja, das möchtest du, und das darf sein, dass du das
möchtest.«

Robin *(noch laufen ihm Tränen über das Gesicht, aber das
Schluchzen hört auf)*: »Ja, ich möchte es aber sofort!«

Ich: »Ja, genau! Du möchtest es sofort! Das ist ganz besonders wichtig!«

Robin: »Genau ... ich möchte es sofort.« *(schaut aus dem
Fenster, nach einer Weile)* »Ist das Piratenschiff noch da?«

Ich: »Ja, das hat auch schon mehrfach nach dir gefragt!«

Robin: »Das kann doch gar nicht sprechen!« *(lacht)*

Eines der wichtigsten Dinge, die wir aus der Arbeit mit unserem inneren Kind in die Beziehung zu unserem äußeren mitnehmen können, ist also, dass wir die schwierigen Gefühle in unseren Kindern nicht mehr ablehnen müssen, sondern sie begleiten können. Wir werden liebevoller mit unserem Kind umgehen und einen tieferen Respekt vor seiner Innenwelt entwickeln.

Gleichzeitig vermögen wir unserem Kind Grenzen zu setzen und es zu führen. Und wenn wir diese Grenzen ziehen, tun wir dies nun ohne Gewalt: Während wir die Grenze ziehen, können wir den Widerstand unseres Kindes anerkennen und erlauben – ohne von der Grenze abzuweichen.

Unser äußeres Kind ist hingegen der beste Lehrmeister, wenn es darum geht, zu spielen und richtig Spaß zu haben. Wie wichtig das für uns und unser inneres Kind ist, wird ein Thema im folgenden und letzten Kapitel sein.

Kapitel 14

Der Tag mit dem inneren Kind

Wir nähern uns dem Ende dieses Buches. Vielleicht sind Sie von dieser Arbeit mit dem inneren Kind ergriffen worden. Das mag besonders dann der Fall sein, wenn Sie sich auf die Übungen der Erlaubnis-Imagination eingelassen haben und in Kontakt getreten sind mit dem Reichtum Ihrer Innenwelt. Vielleicht halten Sie mittlerweile die Beziehung zu Ihrem inneren Kind für die wichtigste, die Sie je eingegangen sind, und fragen sich, wie Sie sicherstellen können, dass diese Beziehung zu Ihrem inneren Kind dauerhaft bleibt.

Dieses abschließende Kapitel soll Ihnen Anregungen geben, was Sie tun können, um die Beziehung zu Ihrem inneren Kind langfristig zu erhalten und zu vertiefen.

Üben der Erlaubnis-Imagination

Praktizieren Sie die Erlaubnis-Imagination: Nehmen Sie sich die Themen, die Ihnen auf dem Herzen liegen, und schicken Sie sie durch die Erlaubnis-Imagination. Dabei verinnerlichen Sie nicht nur die Schritte dieser Methode, Sie werden auch Erfahrungen mit Ihrem inneren Kind machen, die Sie zutiefst berühren und die Ihr Leben in einer Weise bereichern, die Sie nicht mehr missen möchten.

Aber machen Sie bitte kein Exerzitium daraus: Zwingen Sie sich nicht, die Erlaubnis-Imagination durchzuführen. Besser ist es, sich von einem Thema, das ihnen gerade unter den Nägeln brennt, motivieren zu lassen.

Wie oft?

Ich selbst führe die Erlaubnis-Imagination durchschnittlich ein- bis zweimal die Woche durch. Die Häufigkeit hängt ganz davon ab, ob mich gerade Themen besonders aufwühlen. Meist dauern die Sitzungen etwa eine Stunde, manchmal kürzer, manchmal auch erheblich länger, wenn es um tiefe Themen geht, etwa eine Arbeit mit den verinnerlichten Eltern.

Den inneren Kindergarten und den Körper-Kontakt führe ich täglich durch, manchmal mehrmals am Tag, auf jeden Fall am Ende des Tages. Der Grund ist ganz einfach: Ich bin danach total entspannt und kann hervorragend einschlafen.

Das Erlaubnis-Imagination-Tagebuch

Es empfiehlt sich, ein Tagebuch anzulegen, in dem Sie die Erfahrungen mit Ihrem inneren Kind festhalten, schriftlich und vielleicht auch in Bildern. Sehr hilfreich ist es, den inneren Kindergarten schreibend zu begleiten.

Nehmen Sie sich zehn Minuten Zeit, und spüren Sie sich ein auf das, was gerade wahrnehmbar ist: »Ich nehme wahr, dass da ein kleines Kind in mir ist, das sich gerade ... fühlt, und da ist noch ein kleines Kind, das will gerade ...« Alternativ können Sie auch Ihren Namen verwenden: »Da ist ein(e) kleine(r) ..., der (die) fühlt sich jetzt ...«, und so fort.

Ein weiterer Vorteil eines solchen Tagebuchs ist es, dass es Ihnen hilft, sich jederzeit auf Ihr inneres Kind einzustimmen: Sie brauchen nur ein bisschen darin zu lesen und kommen wieder in Kontakt mit Ihrem inneren Kind.

Träume

Eine weitere wichtige und schöne Möglichkeit, die Beziehung zu Ihrem inneren Kind zu vertiefen, ist es, sich an die Träume zu erinnern und sie aufzuschreiben. Ich empfehle, sich einen dicken Schreibblock ans Bett zu legen, in dem Sie hemmungslos herumkritzeln können – was der Fall sein wird, wenn Sie Träume im Halbschlaf aufschreiben. Sie können natürlich Ihre Träume auch in das Erlaubnis-Imagination-Tagebuch schreiben, aber das wird sich dann sehr schnell füllen.

Muss die Erlaubnis-Imagination allein durchgeführt werden?

Wenn es für Sie schwierig ist, die Erlaubnis-Imagination allein durchzuführen, oder Sie Bedenken haben, diese Arbeit mit sich allein zu machen, dann kann es für Sie sehr hilfreich sein, die Erlaubnis-Imagination in dem geschützten Rahmen eines Seminars zu erlernen und dort auch Partner für ein gemeinsames Arbeiten zu finden. Sie können das Seminarangebot zur Erlaubnis-Imagination im Internet auf meiner Homepage **www.mike-hellwig.de** einsehen.

Spielen

Vielleicht ist dieser Punkt der wichtigste.

Wir haben uns in diesem Buch viel mit dem Schweren beschäftigt. Das hat einen Grund: Erst wenn unsere Schwere erlaubt ist und sein darf, können wir wirklich leicht sein. Unsere Leichtigkeit ist authentisch, sie ist echt, denn wir stehen nicht mehr unter dem Zwang, leicht sein zu müssen.

Und wirklich leicht sind wir, wenn uns etwas richtig Spaß macht, wenn wir ganz in etwas versunken sind. Wenn etwas so spannend und erfüllend ist, dass wir uns selbst und alles andere vergessen. Anders gesagt, wenn wir spielen.

Was macht uns also richtig Spaß?
Was ist so spannend, dass wir alles andere vergessen?
Wobei kommen wir richtig ins Spielen?

Das sind Fragen, die nicht unser Heutiges Ich beantworten sollte. Es sind Fragen, mit denen wir uns unbedingt an unser inneres Kind wenden sollten. Anstatt Ihnen also Vorschläge zu unterbreiten, was Ihnen Spaß machen könnte, möchte ich Sie einladen, die Antworten vom kompetentesten Ratgeber in diesen Dingen einzuholen: Ihrem inneren Kind.

Ich möchte Sie einladen, die Erlaubnis-Imagination zu dem Thema Spaß durchzuführen.

Je mehr Spaß wir haben, desto mehr Lebenskraft entfalten wir. Wir verhindern durch Spaß, dass wir ausbrennen, und wir werden durch Spaß gesund. Deshalb ist die folgende Übung so wichtig.

Sie können diese Übung häufiger durchführen, und Sie können alle Lebensbereiche durchgehen und herausfinden, was Ihrem inneren Kind richtig Spaß machen würde: bei Ihrer Arbeit, in Ihrer Beziehung, beim Sex, in Ihrer Freizeit und so fort.

Bevor ich Sie zu dieser letzten Übung anleite, möchte ich mich bei Ihnen dafür bedanken, dass Sie mir bis hierhin gefolgt sind.

Ich wünsche Ihnen viel Erfolg mit der Erlaubnis-Imagination, und ich wünsche Ihnen von ganzem Herzen eine liebevolle Beziehung zu Ihrem inneren Kind.

Diese Übung wird hier, am Ende des Buches, noch einmal ausführlich in den einzelnen Schritten dargestellt. Sie kann Ihnen als ein Modell für die Erlaubnis-Imagination dienen, das Sie kurzerhand aufschlagen können. Sie können es für alle Themen verwenden.

Übung:
Erlaubnis-Imagination im Körper zum Thema:
Was macht richtig Spaß?

Schritt 1: Thema finden und griffig machen

Zum Beispiel: Was würde richtig Spaß machen in meiner Beziehung zu ...?

Schritt 2: Innerer Kindergarten

Ich nehme wahr, da ist ein kleiner ..., der sich gerade ... fühlt, und so weiter.

Schritt 3: Körper-Kontakt

Lenken Sie Ihre Aufmerksamkeit zunächst in den äußeren
Bereich Ihres Körpers:
Füße – Beine – Becken/Kontakt zum Sitz
Rücken – Schultern – Arme – Hände/Kontakt der Hände –
Nacken – Kopf
Gehen Sie nun mit Ihrer Aufmerksamkeit in den inneren
Bereich Ihres Körpers:
Hals – Brustraum – Bauchraum

Schritt 4: Thema an das innere Kind schicken

Legen Sie Ihre dominante Hand auf die Stirn, und sprechen Sie aus der Position Ihres Heutigen Ichs hinunter in
den Bauch zu Ihrem inneren Kind: »Ich möchte dich einladen, mich spüren zu lassen, wie es dir mit dem Thema
Spaß in ... geht.«

Schritt 5: Das innere Kind antworten lassen

Nehmen Sie die Hand von der Stirn, legen Sie die andere
Hand auf Ihren Bauch, und bleiben Sie eine Weile am
Bauch. Sie wissen bereits, dass es einige Minuten dauert,
bis Ihr inneres Kind reagiert und *etwas* spürbar wird, vielleicht nur eine ganz leichte, kaum wahrnehmbare Empfindung. Bleiben Sie dabei, begrüßen Sie es. Verschieben Sie
gegebenenfalls Ihre Hand auf die Stelle, an der Sie diese
Empfindung wahrnehmen. Spüren Sie hin, und erkennen
Sie diese Empfindung an, indem Sie sie beschreiben.

Schritt 6: Wie es dem inneren Kind geht

Während Sie in Kontakt mit dieser Empfindung stehen und
Ihre Hand auf dem Bauch liegt, nehmen Sie Ihre andere

Hand zur Stirn, und sprechen Sie nach innen hinunter zu Ihrem Bauch: »Ich möchte dich einladen, mich spüren zu lassen, wie es dir gerade geht ...« (Sie fragen also diese Empfindung, wie es ihr geht – diese Empfindung ist die Gestalt, in der wir unserem inneren Kind begegnen.)

Nehmen Sie nun die Hand von der Stirn, und gehen Sie mit Ihrer Aufmerksamkeit wieder ganz in den Bauch. Geben Sie Ihrem inneren Kind Zeit für die Antwort.

Wenn Sie das Gefühl bekommen, Ihr inneres Kind wolle es jetzt gerade nicht zeigen, dann bleiben Sie bitte liebevoll da. Nehmen Sie Ihre andere Hand zur Stirn, und sagen Sie: »Ja, es darf sein. Es ist okay.«

Vielleicht möchten Sie noch eine Weile einfach bei Ihrem inneren Kind sein, oder Sie finden einen sanften Abschluss.

Wenn Ihr inneres Kind antwortet, indem es Sie wahrnehmen lässt, wie es dieser Empfindung geht, dann nehmen Sie die Hand zur Stirn, während Ihre Bauchhand in Position bleibt. Bestätigen Sie mit einem Wie-Satz: »Ich höre und spüre, wie ... (traurig, fest, gefangen etc.) du dich fühlst!«

Beide Hände sind auf Ihrem Körper, während Sie mit Ihrem inneren Kind mitfühlen und seine Gefühle bestätigen.

Wenn dieser liebevolle Strom zwischen Ihrem Heutigen Ich und dem inneren Kind etabliert ist, können Sie Ihre Hände vom Körper nehmen. Setzen Sie Ihre Hände ein, wenn Sie das Bedürfnis haben, die Positionen zu klären.

Schritt 7: Was das innere Kind nicht möchte

Laden Sie – mit der Hand auf der Stirn oder ohne – Ihr inneres Kind liebevoll ein, Sie jetzt spüren zu lassen, was es nicht möchte.

Sie bestätigen das mit einem Wie-Satz: »Ah, ich höre, wie sehr du nicht ... möchtest.«

Laden Sie nun Ihr inneres Kind ein, Sie spüren zu lassen, was es darüber hinaus nicht möchte, was noch schlimmer wäre, bis zur Ebene des Körpergefühls.

– »Wenn das aber doch geschieht, was möchtest du dann nicht erleben?«

– »Und wenn du dich so ... fühlst, was ist es dann, was du im Körper nicht fühlen möchtest?«

Schritt 8: Was das innere Kind möchte

Laden Sie Ihr inneres Kind ein, Sie spüren zu lassen, was es gerne stattdessen erleben möchte.

Bestätigen Sie mit einem Wie-Satz, und laden Sie es ein, Sie spüren zu lassen, was es darüber hinaus erleben möchte, bis hin zur Ebene des Körpergefühls.

– »Und wenn du so ... da bist, was können wir dann erleben?«

– »Und wenn wir ... sind, was können wir dann im Körper erleben?«

Wenn Sie jetzt im Körper fühlen können, was Ihr inneres Kind im Tiefsten will, so gehen Sie einfach mit. Genießen Sie dieses Gefühl, feiern Sie es.

Wenn es abebbt, legen Sie eine Hand an die Stelle, an der Sie es am intensivsten spüren konnten. Möglicherweise wallt es jetzt noch einmal auf. Sie können später, wann immer Sie das Bedürfnis dazu haben, dieses Gefühl wieder aktivieren, indem Sie einfach Ihre Hand erneut auf diese Stelle legen.

Schritt 9: Einen sanften Abschluss finden

Bedanken Sie sich bei Ihrem inneren Kind für alles, was es Sie hat wissen und spüren lassen. Bedanken Sie sich bei Ihrem Körper, und kehren Sie mit Ihrer Aufmerksamkeit in den Raum zurück. Schreiben Sie auf, was Sie erlebt haben, und malen Sie, wenn Sie möchten, ein Bild. Vielleicht gehen Sie in das von Ihrem inneren Kind gewünschte Körpergefühl und lassen ein Bild entstehen.

Lassen Sie die Dinge dann ruhen. Machen Sie etwas ganz anderes, aber vermeiden Sie bitte, über diesen Prozess nachzudenken und ihn zu analysieren. Wenn Sie merken, dass Sie wieder über Ihr Thema nachzugrübeln beginnen, erkennen Sie es an, und sagen Sie: »Ja, da ist etwas in mir, das möchte darüber nachdenken. Du bist da, du darfst sein.« Und während dieser Teil von Ihnen da sein darf, machen Sie etwas anderes.

Wenn Sie sich später mit dem geschehenen Prozess beschäftigen wollen, tun Sie es über Ihren Körper. Gehen Sie einmal in das nicht gewollte und dann in das gewollte Gefühl. Geben Sie Ihrem Körper Zeit, die Lösung in Ihr Bewusstsein aufsteigen zu lassen.

Kurzanleitung:
Erlaubnis-Imagination im Körper zu einem Thema

Schritt 1: Thema finden und griffig machen

Schritt 2: Innerer Kindergarten

Schritt 3: Körper-Kontakt

Schritt 4: Thema an das innere Kind schicken

Schritt 5: Das innere Kind antworten lassen

Schritt 6: Wie es dem inneren Kind geht

Schritt 7: Was das innere Kind nicht möchte

Schritt 8: Was das innere Kind möchte

Schritt 9: Einen sanften Abschluss finden

Danksagung und Quellen

Ich habe mich eine lange Zeit mit Philosophie, Psychologie und verschiedensten Psychotherapie-Formen beschäftigt, und sicher ist vieles von dem, was ich gelesen, studiert und erfahren habe, in die Erlaubnis-Imagination eingeflossen. Bei der Entwicklung der Erlaubnis-Imagination habe ich mich immer an dem orientiert, was mir selbst helfen konnte und was bei meinen Klienten in der Einzelarbeit oder in Seminaren und Workshops funktionierte.

Ich möchte hier einige Quellen hervorheben, aus denen ich geschöpft habe:

Da ist zuallererst das Focusing zu nennen. Neben dem Werk von Eugen Gendlin, dem Begründer des Focusing, hat mich die Arbeit von Ann Weiser Cornell beeinflusst, die ihren Ansatz das »Inner Relationship Focusing« nennt.

Weitere Quellen waren das »Inner Bonding« von Margaret Paul und Erika Chopich und die »Core-Transformation«-Methode von Connirae und Tamara Andreas. Einige Buchtitel dazu nenne ich in der Liste ausgewählter Literatur.

Die wichtigste Quelle, die wichtigste Person, die zu der Entstehung dieses Ansatzes beigetragen hat, ist allerdings mein kleiner Sohn Robin. Durch ihn konnte ich mein Herz für mein inneres Kind öffnen. Deshalb ist dieses Buch ihm gewidmet.

Literatur und weiterführende Adressen

Eugene T. Gendlin:
- *Focusing. Selbsthilfe bei der Lösung persönlicher Probleme.* Rowohlt Taschenbuch Verlag, Reinbek bei Hamburg 2004
- *Focusing-orientierte Psychotherapie. Ein Handbuch der erfahrungsgeleiteten Methode.* Pfeiffer Verlag, München 1998
- *Dein Körper – Dein Traumdeuter.* Otto Müller Verlag, Salzburg 1998
- *Focusing in der Praxis. Eine schulenübergreifende Methode für Psychotherapie und Alltag.* Mit Johannes Wiltschko. Pfeiffer Verlag, München 1999

Ann Weiser Cornell:
- *Focusing. Der Stimme des Körpers folgen. Anleitungen und Übungen zur Selbsterfahrung.* Rowohlt Taschenbuch Verlag, Reinbek bei Hamburg 2005
- *The Radical Acceptance of Everything. Living a Focusing Life.* Featuring Barbara McGavin. Caluna Press, Berkeley 2005

Erika J. Chopich, Margaret Paul:
- *Aussöhnung mit dem inneren Kind.* Ullstein Taschenbuch, 2005
- *Das Arbeitsbuch zur Aussöhnung mit dem inneren Kind.* Ullstein Taschenbuch 2005

Connirae und Tamara Andreas:
- *Der Weg zur inneren Quelle. Core-Transformation in der Praxis. Neue Dimensionen des NLP.* Junfermann Verlag, Paderborn 1997

Seminare zur Erlaubnis-Imagination:
Die Methode der Erlaubnis-Imagination lässt sich auch in Seminarform erlernen und vertiefen. Sie können das Angebot im Internet einsehen:

Website: **www.mike-hellwig.de**
Email: **kontakt@mike-hellwig.de**